SCOTL

LAST \

A Saga of Orkney and Caithness

Tom Allan

Scotland's Last Viking – A Saga of Orkney and Caithness

Spiderwize
Remus House
Coltsfoot Drive
Woodston
Peterborough
PE2 9BF

www.spiderwize.com

A CIP catalogue record for this book is available from the British Library.

Illustrations by Ewa Dorota Allan
Cover design by Camilla Davis

Table of Contents

AUTHOR FOREWORD

This is a story for all lovers of Vikings. It is not well known – but back in the 13th century scholars in Iceland wrote down the histories of the Vikings in Iceland, Norway and Scotland that had been handed down over the generations by story tellers. These accounts are known as 'The Icelandic Sagas'. They are full of life, adventure and humour.

The history of Svein Asleifsson, from his youth in Duncansby to his death in Dublin in 1171, is told in the 'Orkneyinga Saga', probably written about the year 1200. For this account, I have also drawn on over thirty other sagas and tales to provide detail and interest and insights into the period. It is Svein's own story, in his own words. Like most autobiographies, some of it is true!

PROLOGUE

- Thank fuck it's foggy!

Ah'm Svein Asleifsson; this is ma ain story, an ah'm goin tae tell it in ma ain wey. Some o ye might think ah talk funny, an some o ye might no lek ma language at times; but ma Norn is gettin mixed up wi aw the Scots that the traders bring, an aw the veesits ah mak sooth til the Scottish coort an ma freens there fa dinna speak the Norn. Irish wi thir gaelic; English wi thir Angle an Saxon guddle; an German priests an scholars bringin in Latin an fancy ideas an words fae Paris an Rome an aw ower the place. Thir buildin schools an libraries; tho ah wis nivir wan fer the learnin masel. Times are cheingin fer wir Islands in the north. Owlder Islanders lament aw this – some even lament the fact we dinna speak pure Owld Norwegian - but ma generation his tae move wi the times. As fer ma bad language – we wis fechters an fishermen, an we didna speak fancy til each ither, ah can tell ye. Ah think that's the wey it'll ayeweys be in the docks an fish-hooses an battlefields.

Many will come efter me tae gie thir accoont o ma life an times. Thir'll be saga writers an chroniclers. Thir'll be troobadoors an romancers. Thir'll be learned, academic treatises. But naebody will come close til the real me. Fowks'll caa me 'The Last of The Vikings', 'A Norse Pirate', 'The Greatest Man of His Rank in The Western World'. Ah will be demonised an sanitised - but naebody'll ken hoo ah, Svein Asleifsson, thocht an talked an acted. Ah'm a Vikin. Ah'm strong – but, mair importantly, ah'm hard as fuck. In battle ah wis lek a bear-cloaked Berserk fa didna need tae bite 'is shield or eat magic mushrooms an howl lek a madman in order tae feel nae pain.

At times, ah've behaved badly, even dishonourably. Ah'm no saint. When ah'm deid naebody will ever build a shrine til me. But ma seed will live oan, as will this damt claw-haund ah'm gettin in ma owld age!

This, then, is the true story o Svein Asleifsson. Ma story. Ma words.

MA EARLY YEARS

Ah'm the son o Olaf Hrolfsson an 'is wife Asleif. Ma faither wis a man o distinction fa coonted Norwegian nobles in 'is faimly tree, an fa wis highly thocht o by Earl Paul, the ruler o Orkney. Faither served as the Earl's steward in Caithness, a rich an fertile region oan the Scottish mainland. He wis responsible fer collectin taxes an rents, an fer raisin levies, as an when they wis required, fer the Earl. An he hed a thrivin ferm oan Gairsay in Orkney, an beeg holdins at Duncansby in Caithness. Ma mither is a wuman fae a guid faimly, as she ayeweys reminded ma faither, an she's sharp as a needle. An ye dinnae argue wi her. Faither used til say that he wis the heid o the faimly. Naw, naw, she'd say. Ye'r the shoolders – ah'm the heid!

Fae ma earliest days oan the fermsteed oan Gairsay it wis expected o me, as the eldest son, tae follow ma faither intil fermin an service til the Earl. But it wis ma ambition tae no chust follow ma faither. Ah respected him fine, but he didna hiv much sense o adventure, content wi 'is ferms an 'is duties til the Earls. Och, he could fecht alright when he hed til – Earl Paul owed him a lot fer 'is help in the battle agin Frakkok and Olvir Brawl's fleet when they hed cam fae the Hebrides tae help Earl Rognvald in 'is attempt tae get 'is share o the Islands. But ah hed mair o the vikin-lust in me than faither did. Ah ayeweys kent, even wi'oot the *spey-wifie* tellin me, that wan day ah'd roam far afield. When ah seen the traders comin intil Orkney, an ah listened til thir yarns in the ale-hooses, ah kent this wis the life fer me.

Ah wisna ower much til look at. No exactly yer beeg, blond Norwegian type. Thir wis a lot o the tar-brush in me fae ma ancestors interminglin ower much wi natives in Scotland an Ireland, tae say nochin o the times they dipped thir wicks in dusky, musky maidens they brocht hame fae the slave merkets in the East. But ah wis ayeweys a strong, stocky wee bugger – an, accordin til ma mam, heidstrong, but nivir ill-anserin. No til her onyweys – she'd've skelped me good an proper aboot the lowgs.

Ah loved games, especially the hard physical wans whaar ye could get stuck right intae the boys fae the neeborin villages. Ah loved the fishin an athing til dae wi boats. Aye, an weapons. Ah used tae batter the fuck oota ma wee brither, Valthiof, wi ma widden toy swords an axes when we wis *peedie* bairns – an ah'd knock lumps oota him at the wrestlin an scrappin when we wis beeger *loons*. But it wis chust me that could batter him. Onywan else pit a finger oan him an he answered til me. If ony beeger boyag evir did get me doon, he soon foond oot that ah didna stey doon. They left aff o me efter that, especially when they hed looked intae mah black *een* an seen pure evil comin back at them. Ah wis often kent as the loon wi the scary een.

In ma youth, ah went through aw the usual man-makin games and exercises tae build up ma strength. But forget them owld stories aboot young Vikins bitin cinders an walkin oan the oars. Loada pish. Me and ma mates tried the oars lark wance – nearly fuckin drooned! If Cheesus hed've been a Vikin maybes he could hiv managed it; maybes no. An we used 'cinder biter' tae mean a lazy, unpromisin bit o a simpleton, fa stuck close til the fire an didna dae much useful work. It wisna a compliment, let me tell you. But the best exercise o the lot, ken, fer buildin muscle an endurance, wis the ferm work. Kids helped oot as soon as they could walk, chust aboot. An fae aboot echt or nine oan we wis workin ten or twelf oors a day in the fields at sowin an hervest times. The games, an aw the rowin an weapon practice, sharpened us up fer fechtin. But, much as ah enjoyed the practisin, thir wis nae substitute fer seein the blood spoutin oota some cunt's stump in a real battle when ye took aff 'is erm or leg wi yer axe or sword.

Mind ye, ah also loved the stories that wis handed doon o wir origins in Norway, an o wir relations fa hed gan oan an settled in Iceland an Greenland. We hed lang, dark nichts aw through the winter, an thir wis some fine story-tellers an poets in wir faimly an in the settlements. Us bairns wis held spell-boond manys a nicht, wi images o trolls an *'bo'*s an sea-monsters lurkin in the reek the *peits* gied aff. We nivir ganged oot til the latrines in the dark wi'oot some ither company in case we goat the *skitters* oan the wey! By the bye, ah'm telt that some monks in Iceland is writin aw the stories doon so that they'll no die oot an get lost. Ah'll maybes be in wan o them!

MA COMIN O AGE

But ma story really begins oan the day ah wis returnin til Duncansby fae a fishin trip wi ma twa closest freens, the brithres Asbjorn an Margad Grimsson fae Swona, baith men o great mettle – in ither words, hard bastards that ye'd be advised no tae cross. They wis better tae hiv oan yer ain side ony day o the week. We hed been *plooterin* aboot some o the islands an bays fer twathree days in wir *'faerin'* – a sturdy three-man skiff wi a wee square sail an a shallow draft, ideal fer fishin in near the coast, lek – an hed a decent haul o herrin, an some guid-sized cod an halibut, thanks til some unseasonal fair wether. But, as soon as we hed hauled wir peedie skiff ontil the strand, an got the *gowf* o herrin oot wir lungs, we could smell the smoulderin flesh.

CAITHNESS COAST

- Whit the fuck, Svein? Yer faither's hoose is chust ower the brae there!

- Trouble, Asbjorn, 'at's whit it is. Ferget the fish, lads! C'mon!

Ah led the wey, battle-axe in haund. The smoke wis still risin fae the ruins o ma faither's langhoose at Duncansby. Thir wid hiv been nae survivors, ah instinctively kent.

- It has tae hiv been that Frakkok bunch o bastards. Probably because yer owld man didnae invite them til 'is Yuletide feast.

- Nae time til joke, Margad – but ye're right. Too much bad blood atween them an us since faither bested them at Tankerness last year. Maist lekly that young cunt Olvir Rosta, oot fer revenge, an tryin tae show whit a hardman he is.

- Aye. The Owld Harpy's granson. But looks lek wir too late tae be o ony help til yer folks, Svein. Thir's naebody alive in there.

- Afraid so, Asbjorn. But thir's goin tae be some fuckin reckonin fer him wan o them days. Beeg an aw that he is, ah'll cut him doon til size. Next time roond it'll be me veesitin him, an ah'll mak sure ah've got enough firewood wi me tae burn 'is fuckin hoose doon; an 'is granny wi it.

As we scoured the ruins it wis obvious that all o the bodies wis male. Ah recognised ma faither's remains – but the ither bodies, maist o them mutilated, belonged til retainers, probably cut doon while tryin tae escape the blaze. O ma mither, Asleif, an ma brither, Gunni, thir wis nae sign. They either must've escaped or been tooken captive. Ah wisna til ken that they hed actually left the ferm chust hours efter we'd gan fishin, an they wis safe an soond, still bein entertained at Margad's place ower at Swona.

Caithness hed chust lost wan o its best Norse governors in ma faither.

But ma time hed come.

A MURDER

Ma mind wis in a bit o a turmoil wi aw this sudden loss. But we wis brocht up tough, an the last thing ah wanted tae dae wis show ony weakness in front o ma mates. We lived wi the constant threat o an untimely death or a groosom wound, such wis the times; an we hed aw faced this in wir faimlies. We wis warriors; so we chust goat oan wi things.

- The pairty's definately cancelled here the nicht then, lads. The tide's still wi us, but it'll turn soon. If we heid oan ower til Orkney richt awey we should mak it afore the Firth becomes impassable wi iss wind 'at's gettin up. Earl Paul Hakonsson micht weel be 'The Silent' wan; but he ayeweys his a noisy Yuletide feast worth turnin up at. We're ayeweys welcome there. We can use the time weel tae plot wir revenge oan the Frakkoks wi ma brither Valthiof, when he comes ower fae Stronsay.

- An we can veesit wir faither at Swona oan the wey ower, suggested Asbjorn. It's been a whilies since we saw the owld man, so we micht chust stop ower wi him fer a day or twa.

- You baith suit yersels, ma men. We'll ken whaar til find each ither if needs be.

In fact the lads, an thir faither, Grim, ferried me fae Swona ower til Knarston oan Scapa, then went back til Swona fer thir ain festivities. Arnkel the fermer's sons, Hanef an Sigurd, took me fae Scapa til Orphir, whaar ma kinsman, Eyvind Melbrigdason, wis maister o the feast. He introduced me til Earl Paul; an he proved himsel maist loyal til me.

When ah eventually reached Orphir, Earl Paul's Orkney stronghold, a'body wis chust aboot tae gang intil the peedie church opposite the entrance til the great drinkin haal fer Vespers. Efter the service, we aw took wir allotted places fer the feastin an drinkin, based oan wir relative ranks. The Earl hed been maist sympathetic when ah'd telt him ma news; an, as befitted ma new status, he seated me beside himsel. Opposite me wis an owgly beeg bastard caa'd Svein Breastrope. He used tae be an ally o ma faither, goin a weys back, lek; but they hed fallen oot efter the fecht last year agin Frakkok's fleet. Ma faither hed advised caution afore attackin Olvir's ships, in case mair help wis oan thir wey. Breastrope accused faither o no hivin ony stomach fer a fecht, despite the fact that faither accoonted fer several o Olvir's boats. But, as ah wis sayin, Breastrope wis the champion o aw the Earl's retainers – 'is Forecastle Man, ayeweys in furst place in the prow tae lead a shore-thrust, or, mair lek, tae tak oan the furst o any boarders. Beside him wis 'is kinsman, Jon, wan o Breastrope's few freens. A'body wis in awe o the muckle, muscle-boond Breastrope; but ah wisna too phased by 'is dark, unlucky look, as some hed described him as hivin. Unlucky fer the ither man, that maybes wis; but no fer me. Ah'd scrapped agin beeger lumps than him. Ye chust hed til get in furst, an mak it coont.

The furst nicht's drinkin wis a fairly peiceable affair, wi much banter an the occasional insult traded; but durin the feastin cam further devastatin news fer me. Ma kid brither, Valthiof, wan o the youngest-ever governors o Stroma, an 'is ten weel-airmed henchmen, hed been oan thir wey ower the Pentland when they hed gotten drooned in terrible seas in the Stronsay Firth. It wis a measure o the lad that he hed set oot ataal, gien the conditions. We hed got intil the sheltered watters o Scapa afore the seas wis whipped up by a fearsom wind fae the west, an we hed chust beaten the tidal bore atween the Atlantic an the North Sea. Valthiof hedna been sae lucky. Things couldna get oany worse fer me; so ah chust got tore intil the food an drink tae droon ma sorrows, an decided tae tak ma revenge cowld agin Frakkok's lot anither day.

Eyvind arranged a fine wee Orkney quine fer me tae pass the nicht wi. Margad wid be chealous as fuck when ah telt him fit he hed missed. Mind ye, the hansom beeg bugger nivir went short. He wisna jokin when he said he wantit buried close til the road so the *lassagies* fae the area wid remember him better.

Beeg Breastrope, hooevir, as wis 'is custom efter a heavy drinkin bout, spent the haill nicht broodin an mumblin oot in the open, despite the cowld. It wis December, fer fucksakes! Ah wis glad tae be weel tucked up wi ma wee quine. Each til thir wey. Breastrope wis weel kent til still harbour the owld weys, an often communed wi the spirits. He didna appear at Matins or at High Mass the next day, as the rest o us wis obliged til dae; only takin 'is place wi us fer the evenin meal an drinkin session.

Earl Paul's drinkin haal wis beeg – tho ah wis plannin a beeger wan efter ah'd re-built ma faither's place. It must've held aboot a hunner. As wis usual fer feasts lek this, even if it went agin wir grain, aw the men hed til leave aff thir weapons when we entered the drinkin haal. Aw, that is, except beeg Breastrope. He took 'is muckle beeg sword everywhaar, an naebody, no even the Earl, argued wi him. It wis a thing o beauty right enough, ken, fashioned wi *siller* an walrus bone an amber. He'd tooken it affa some chief in Ireland oan wan o 'is earlier vikins. It wis said that he could cut a man in hauf, right doon through 'is heid an torso til 'is baals, wi wan stroke. Legend hed it that the blow wis kent as the 'cradle song' back in the day, tho ah canna think why. Mind ye, naebody's seen him dae it, but few doot that he could.

The great haal wis packed til the gunnels wi aw the men o quality fae miles aroon. An no a few wi'oot quality as weel, ah micht add. Aw the chiefs an thir men; aw the free fermers, or *'boendr'* as they wis caa'd, fae the district; an many guests fae amang the traders an merchants fa did business here in Orkney. Thir wis even some Shetland men hed come doon fer the festivities an the weemin; but they kep themsels til themsels. Ah wondered aboot this; but Earl Paul made sure they wis weel-watched, as he kent the loyalties o Shetlanders wis divided atween himsel an the upstart, Earl Rognvald.

A'body wis seated at lang tables, each man wi 'is ain knife an spoon that we ayeweys kerried oan wir belts. Thir wis loads o meit

– beef, venison, rabbit, lamb - an guid breid, an plenty o fish. Ah lek a bit o horse masel, but the priests hed banned it, oan accoont o its connection wi the owld god Odin. Didnae stop us, tho, when we wis awa oan wir raids. But maist wis only interested in the drink that Earl Paul hed been preparin fer a lang time. Thir wis nae shortage o barrels. The servin lassagies an loons wis fair kept busy toppin up horns an tankards.

At wir top table the Earl hed served only the very best o 'is 'chief's ale' – strong-brewed, an some wi added spices. By the time a few barrels o this strong ale an mulled mead wis takin effect, it wis clear til a'body that we twa Sveins wis heidin fer a reckonin. Maist o the men at the feast hed drawn lots tae see fa wid share drinkin cups; but, at the top table, each man hed 'is ain. Breastrope wis cursin the cup-bearers an boy attendants fer fillin 'is cup faster than they wis fillin mine; an the beeg bastard wis loudly abusin me fer drinkin fae a smaller cup in ony case. By the time the Nones bells wis soondin, an the horns raised in yet anither toast, it wis time fer the Earl tae intervene.

- Calm doon, man. It's Yule fer Christ's sake! Whit's it matter fa's winnin the drinkin-bout?

- Matters til me, slurred Breastrope. Ah'm yer *drengr*!

-True, Breastrope. Ye're ayeweys ma richt-haund man in battle. An a guid wan, tae. But yer mair than a peedie bit fuhl richt noo.

- So, then - Breastrope ignored the Earl's hint - this upstart comes ower fae Duncansby an tries tae tak precedence ower me? Ah dinna gie a fuck if 'is faither is the governor o Caithness, or fuckin Norway fer that matter. Noweys he's goin til get the better o me, he roared, splutterin bits o roast venison an blowin froth across the table in the Earl's direction.

- *Wis* the governor, Breastrope. Are ye no fergettin 'is faither wis murdered yesterday? An 'is brither drooned the same day? Gie him a break, man!

- A break, yer Lordship? Ah'll break 'is neck in the *holmgang* when he comes back fae takin 'is piss. But furst ah need wan masel.

As Breastrope lurched past the large stane slabs which held the ale vats, oan 'is wey oot til the weel-wattered patch o nettles ootside the banquetin haal, Eyvind Melbrigdason, fa wis in charge o the Earl's feast, an fa hed actually been giein the beeg man mair than 'is fair share o drink, took me aside fer a private word in the ale-room. As he thocht ah wis no match fer the ither's height an strength, Eyvind advised me tae get ma blow in furst, an tae mak it coont, when the beeg bugger wisna expectin it. Naebody hed yet bested Breastrope in wan-til-wan combat, either in battle, or in the area o the drinkin haal that wis bein cleared o the spewins fer the expected fecht til the death, which the noo-drunken rabble wis hollerin fer. Thir wis nae walkin awey fae this wan, as Breastrope hed already made clear.

Til ma lastin shame, ah took Eyvind's advice, an the axe he offered me. Ah cam at Breastrope fae the shadows, wi the battle-axe in haund, as opposed til whit the giant hed in 'is — which micht hiv been a wee bit beeg, but hed nae bone til it, ah micht add - an split 'is foreheid wide open. The blow wid've killed abody, but the beeg champion wis chust sent reelin. Thinkin that 'is man Jon, fa

20

hed been in front o him but hed noo turned roond, wis the assassin, he split 'is mate's skull doon til the shoolders wi wan fearsome blow o 'is sword, as Eyvind hed predicted micht happen. Breastrope died o 'is injuries later that nicht.

Wi Eyvind's help, ah made ma escape; but ma reputation wis badly sullied. Earl Paul accepted the pleadins, made oan ma behalf by Eyvind, that thir wis nae actual proof o ma guilt; an he said at the time that naebody wis til hairm me. But he declared me an ootlaw ower the winter oan accoont o ma disappearin; an, despite the arguments pit forward oan ma behalf by Ragna, a wifie o influence oan North Ronaldsay, the followin spring, he refused tae bribe me an lift ma exile in order tae get ma support agin Rognvald, tho he sair needed it.

Altho ah feart nae god or God, ah howanever thocht it politic tae go til Bishop William oan Egilsay. Eyvind an Magnus Eyvindarson helped me oan ma wey by horse an ship til the keep oan Damsey; then Blann, the son o Thorstein o Flydruness, ferried me north ower til Egilsay the next mornin. A humble confession wid staun me in guid stead wi the Earl if ever a makin-up wis goin til tak place. Ah wis expectin a roastin; but, til ma great surprise, far fae condemnin me, the book-wise, weel-travelled Bishop William thankit me fer riddin Orkney o such an evil presence! He not only gied me absolution an 'is blessin, but gied me refuge fae the Earl's men until weel efter Yuletide, an it wis safe tae escape til Tiree in the Hebrides. Ma host there wis Holdbodi Hundason, a powerful Norwegian chieftain, fermer, an freend an ally o ma faither.

But ah must explain a wee bit o the politics o fit wis goin oan atween the Earls in Orkney, an aboot how ah cam tae be involved.

THE PEACOCK

Even afore the time ah wis in the Hebrides, thir wis muckle confusion in Orkney an Shetland. In Norway there wis a high-born man caa'd Kali Kolsson, fa's faither wis a great chieftain an freend o King Sigurd. Kali's uncle wis the great Earl Magnus o Orkney, so the boyag wis weel-connected. When he wis chust a bairn o ten or twelf 'is faither used tae dress him up in aw sorts o finery til attend the Assembly. Fowks used tae come til gawk at him oan 'is peedie Icelandic pony wi aw 'is *peerie* weapons. Then, when he wis only fifteen, he telt 'is faither that he hed tae travel til soothern lands, so as no tae be thocht ignorant. Naturally, faither kitted the spoilt wee bastard oot. The young Kali hed many adventures in England an Denmark an Germany as a so-caa'd-merchant. Back hame, when he bided in Bergen, he rented the brawest hooses in the toon fer himsel an 'is hingers-oan; an he ayeweys peyed fer aw the drinkin in the taverns when he went oot. He wis nivir short o company, as ye can imagine.

Bergen wis the place til be in in them days. King Olaf the Gentle hed established clubs fer drinkin bouts, and hed organised guilds o lek-minded persons fer thir mutual protection an entertainment; in ither words, thir wis nae shortage o dives or brothels til get drunk in, or til get a guid seein tae. As weel as introducin fancy ideas, lek cup-bearers an candle-bearers tae 'is feasts, Olaf hed also brocht in aw the latest fashions fae England an France. Aw the dandies went aboot in high shoes covered wi white silk embroidery. They wore gold ankle-bracelets, fer fucksakes, ablow thir breeches; an the breeches wir tight fittin tae display whitevir manhood they hed. An they hed lang, trailin goons, an lang wifie sleeves oan thir tunics. Young Rognvald wis in 'is element – The Peacock, they used til caa' him - an he hed loads o fancy chaikets an trews an tunics an cloaks fae 'is travels. Scarlet wis 'is favrite colour; and in later years he wis proud til wear gold-embroidered silk which the Byzantine Emperor, Menelaus, hed gien him in Constantinople, an a Russian hat an gold-embroidered gloves that he got fae King Harald Gilli o Norway.

King Harald Gilli also gied him a fine battle-axe inlaid wi gold an siller wi a precious stane set in it. The King wis the hauf-Irish bastard o King Magnus Barelegs, an he lekked a laugh; so when he saw wan day that young Rognvald wis interested in it, he said, 'Tell me this an tell me no more, boyeen. Wid ye be lettin yersel be fucked fer this fine axe?' Rognvald said he widdna, but that he wid buy it fer the same as the King hed bocht it. The King then telt him it hed been a gift, an gied it him fer nochin! At least, that's whit Rognvald said. Masel, ah think he maist lek bent ower fer it and the Irish bastard pranged him. Mind ye, ah widdna hae grudged Harald Gilli a ride, efter whit he'd gone through tae establish 'is claim til the throne o Norway. When he arrived in Oslo oota the bogs o Cavan, he'd passed the severest ordeal ever laid doon in Norway. He hed walked ower nine red-hot plooshares an cam oot unscathed. No even the Berserks could've did that. A few hot coals, aye – but no nine fuckin reed-hot ploos! Respect, ma man!

Rognvald hed picked up bits o ither tongues; an he could read an write, which no many men could dae, apart fae the monks. He also kent the owld runes, so ah'm telt. Poetry wis anither o 'is things; an the smart bastard wis great at the skis an the archery, as weel as turnin 'is haund til smithy an chinery work. Wid mak ye seek! Mind ye, the only thing ah envied him wis 'is hoorin aboot an drinkin in Grimsby an Bergen when he wis chust a boyag. Then, oan tap o aw this, 'is faither, Kol, hed persuaded King Sigurd o Norway tae grant Kali title til hauf o Orkney. This wis daen, an Kali was gied the title o Earl, and the name Rognvald. King Sigurd, fa hed made a fortune fae 'is Crusade agin the Saracens – so much so that he hed turned doon six hunner-weights o gold fae Emperor Kirjalax in Byzantium in return fer the Emperor pittin oan a show o games fer him – wis generous in helpin tae finance Rognvald's fleet fer 'is expedition tae enforce 'is claim til Orkney.

ROGNVALD BECOMES AN EARL

Thir wis months, aye, years, o schemin an wheelin an dealin as Rognvald prepared tae claim 'is entitlements in the Islands. Ah'm no goany go intae aw the details; but the furst time Rognvald tried tae invade, he made a total fuckin erse o it. He wis dependin oan the support o Frakkok and Olvir Brawl, or Rosta, as he wis also kent, fae Sutherland. Frakkok an Brawl gaithered an airmy an a fleet fae the Hebrides an fae the mainland o Scotland, an sailed til Orkney. They were absolutely routed by ma faither an Earl Paul in the seas aff Tankerness. Gie beeg Svein Breastrope 'is due – he focht lek a Berserk that day, an saved Earl Paul's hide several times ower. This wis in the year afore ma faither wis murdered by Olvir.

Rognvald hed landed in Shetland at the same time; but Earl Paul, fa hed spies everywhaar, caught him wi 'is breeks doon, an seized aw 'is ships at Yell Soond an killed aw 'is guards. Rognvald went back til Norway wi 'is tail atween 'is legs. 'Is faither, Kol, wis disgusted wi him, an richtly so. Ah'd hiv kicked 'is erse intil the nearest fjord hed he been a son o mine, ah tell ye.

Rognvald's second attempt wis much better organised – by 'is faither, a man fa kent fit wis fit. Earl Paul hed made preparations tae defend the Islands, includin a system o early-warnin beacons fae Fair Isle til Mainland; but 'is plans wis sabotaged by Kol. Furst, he carried oot a clever, mock attack til trigger the beacons an confuse Paul an 'is airmies. The Earl's men started fechtin amang thirsels as a result, as Kol hed hoped fer. Then, chust afore 'is real attack, he arranged fer the beacons oan Fair Isle tae be pit oot o commission by spies he hed previously planted oan the island.

Kol hed also advised 'is son tae get the Orkney bishop, William, oan 'is side, by makin a pledge tae build a magnificent stane cathedral in memory o 'is uncle, Saint Magnus. Bishop William wis a wily owld fox, an he readily agreed that the relics o St Magnus wid be removed til Kirkwall an interred in the new minster. The episcopal seat wid be set up there as weel; an William foreseen a grand new palace fer himsel an 'is successors. It wid turn Kirkwall intil the maist prestigious religious seat in Scotland, forbye Saint Andrews. The Bishop started schemin right awey, concentratin oan men o standin lek Kugi and Helgi fae Westray, fa he kent wis less than a hunner percent ahent Earl Paul.

Aw this schemin peyed aff. Rognvald took advantage o a strong spring tide an an easterly wind, an made quick passage fae Shetland til Westray, takin the Orkney men by surprise. Kugi an Helgi wis ready an waitin fer him; an, efter some initial rebellion, which he pit doon in person in ferocious fashion – as ah'd a done masel - Rognvald won the allegiance o the local fermers. Kugi hedged 'is bets a wee bit; but Rognvald sussed him oot, an showed mercy when Kugi wis brocht til him in shackles. Ah'm hauf o the mind that owld Kol hed set the haill thing up, wi Kugi's connivance, til enhance 'is son's reputation fer clemency an reasonableness. It certainly won the haill o Westray ower til Rognvald. When he asked Bishop William tae mediate, the Bishop, fa hed it aw worked oot in 'is heid alreadies, arranged a truce an a territorial settlement atween the twa Earls.

Rognvald settled oan Mainland, and Paul oan Rousay.

A PLOT IS HATCHED

Ah hed wintered weel in Tiree oan Holdbodi's braw hospitality; but by springtime ah wis tellin ma men, fa, lek me, wis as bored as fuck an itchin tae get awa fae this sort o easy livin, that it wis high time tae get some action. Sure that Earl Paul an 'is men wid be expectin us back in Caithness, we heided sooth til Atholl so that ah could build an alliance wi Earl Maddad. At the back o ma mind wis a different sort o alliance wi Maddad's wife, Margaret, dochter o Earl Hakkon, a powerful chieftain in Norway. She wis as weel-endowed as she wis weel-connected. The three o us talked an schemed aboot wir plans fer Orkney; an wan nicht, when Maddad wis awey at the Scottish coort, Margaret laid it all oot tae me as she lay in ma erms efter ah'd come up fer air.

- Understand that this is not for me, Svein, but for my son Harald. He has no future here in central Scotland among so many powerful factions. He belongs in his grandfather's domains in the Northern Islands.

She spoke awfa fancy, lek, but ah hed been mullin things ower fer days noo, an hed nae doots that thir wir great advantages if Earl Paul's micht wis tae be curtailed. Especially as 'is replacement wid be the three-year-owld child o the wuman fa wis noo tonguin me back til life.

- Whit's the plan then?

- Only that you get my brother Paul down here and into my hands. We will take care of the details then — and I shall forever be in your debt, my Swain. You are a sweetie!

Naebody hed evir caalt me that. Ma Swain! Sweetie!! But better no tell the lads, lek, or ah'd nivir live it doon.

PLAYIN FER TIME

So ah heided north til Thursa shortly efter makin this agreement wi Margaret. News o widespread feudin in Orkney made the timin spot oan. Ah wis accompanied by Ljotolf, a braw fechter an a skilled diplomat fae the Isle o Lewis, fa wis tae look efter Margaret an Maddad's interests. He coonseled me tae keep fae seekin revenge oan Frakkok's clan in Helmsdale, an he mad *sikker* that ah kept ma bargain tae kidnap Earl Paul an tak him sooth til Atholl. His diplomatic skills cam til the fore in Thursa when he brokered a deal atween masel an Ottar, the brither o Frakkok, til compensate me fer the attack oan ma faither. Ottar hed beeg fermin, fishin an tradin interests in the far north; but, fer aw 'is wealth, ah didna rate him. The last thing he wanted wis a runnin battle wi me. Mess wi me, he kent, an he widnae wear oot too many shirts. The deal suited me even better, as it gade me blood money, an lulled Frakkok an Olvir intil a false sense o security. Mind ye, it stuck in the craw tae hiv ony dealins ataal wi them cunts.

A REUNION

The next few days wis mental! Efter the business wi Ottar wis settled, an ah hed goat the nasty teist oot ma mooth, ah hed til negotiate the exchange o wan o ma ships fer a cargo barge, an hire a crew o thirty hard bastards, afore ah wis ready tae leave fer the Islands.

Ah wis lucky tae hiv arrived back in Thursa when some traders fae Iceland wis in port. Thir main man wis an owld acquaintance caalt Huckster-Hidin, a chiel ah greatly admired. He wisna much o a fechter – but, by Christ, he hed 'is fair share o mettle. He hed started aff wi chust a fishin line an some tackle he hed got oan credit. He soon peyed this aff, an wis in profit enough til buy a share in a ferry. Within a year, he wis the sole owner o the wee ferry, an bocht a share in an ocean-tradin *knorr*. Nooadays he's the owner o twa beeg *knorrs*. Huckster hed been supplyin me wi sheepskin coats fer me an ma men fer years. For sure, we hed plenty o sheep in wir ain Islands – but nane could match the Icelandic wans fer thickness and warmth. Ah also bocht some walrus ivory an hides - which we could only get fae Icelandic traders. The ivory made bonnie chess peices when it wis *twited* awa; an ah needed a replacement set fer the wans ah hed lost ower in Lewis, at a wee place caalt Uig, the previous year. But it wis the skins ah wis maist interested in. It wis far an awey the best fer makin ropes fer the boats, an fer wheeps, fer when we wis tryin tae get information oot o some thrawn bastard. Ah mind wan time doon in Wales when we catched a per bugger that wis tryin til spy oan us. We broke 'is legs an erms wi the heels o wir axes; then we stripped him an scalped him. We tried tae skin him, but thir wis too much blood, so we flayed him wi the walrus wheeps, an they done the same job in meenits. An still he widna talk; so we broke 'is back ower a pole an hung him as he sang the psalter, wid ye believe! Brave wee bastard.

Anywaysorno, ah spied fit looked lek a deid seal oan Huckster's ship, and when ah asked aboot it the crew aw laughed.

- 'At's no fer ye, ma man! It's a teist ye hiv til grow up wi til enchoy.

- Looks chust lek a seal til me, Huckster. Ah've eaten plenty o that in ma day.

- It's isnae seal, Asleifsson.

- 'At's a fuckin seal! Think am glaekit?

- Nae, nae, Sir! We widna insult ye. Yer right in wan wey – it is a seal – but only the skin. It's fit's inside it that's special.

- An fit wid that be?

- Puffins!

- Puffins? Awa wi ye! Ah've caught menies a puffin in ma nets. Thir fine an teisty roasted. Better than *skorries*, in ma opinion; tho ah prefer the skorrie eigs.

- Ah, but, Sir, this wans isna roasted. Thir fermented.

- Lek ale, ye mean? Awa!

- No lek ale, man. We get them fae Greenlanders, an kerry them oan lang voyages wi us in case we run oota meit. They last fer years!

- Years? Ye buggers havin me oan?

- Come aboard an see fer yersel.

Ah took them up oan thir offer. When ah got close til the seal thir wis the usual *gowf* comin aff it. But when they broke it open! Cheezuzfuckinchrist! Ah fair near spewed ower the side! Nivir in ma life – nivir, no even close! – hiv ah smelt onythin lek it!

- Ye eat that? Whit the fuck is it?

- Puffins, ah telt ye! Here, tak a bit boyag. It'll pit hairs oan yer chest an mak a man o ye!

He pulled oot wan o the birds an pit its legs in 'is mooth tae haud it as he plucked the feathers aff. Then he tore a bit o breastie aff fer me. Ah held ma breath an pit it intil ma mooth. Fucksake! It wis a cross atween the strongest cheese ah've evir tasted an a black stuff caalt likyerarse, or somethin, that ah'd tasted wance doon sooth in Grimsby fae traders wi the Arabs. Ah kept it doon withoot boakin, but it wis a damn close thing. Then ah asked the Icelanders tae tell me aw aboot it. The fowks back in Orkney'll no believe it!

When Erik the Reed an the furst settlers went til Greenland the native Kalaallit tried til trade the puffins aff. They hed millions o them! See, whit they did wis, each summer they killed them in thir thoosans when they cam in fae the sea til breed. A bairnie could catch them, they wis that stupid. Chust sat there grinnin at ye as ye wrung thir necks. Then they stuffed maybes three or fower or five hunner burds intil a sealskin that hed a beeg layer o fat still attached. They sewed it up tight, efter squeezin aw the air oot; then sealed it wi seal fat til keep the flies an wormies oot. Efter that they buried it under a pile o stanes fer a year, year-an-a-hauf! The burds fermented an got preserved, an the seal fat tenderised them til ye could eat them wi'oot cookin - bones an aw. But the gowf wis sae strong ye hed til eat them in the open til prevent yer hoose stinkin fer weeks! Ah thocht o buyin a skin-fuhl fer the lads, or fer wan o ma feasts at Gairsay; but then ah thocht better o it. Ah preferred tae keep ma freens!

The last nicht in Thursa, chust efter ah hed made sure ma ships wis tented an lit fer the nicht, an the fires in the cookin sandpits amidships wis oot, ah wis reunited wi Asbjorn an Margad when ah went fer a wee wander intil toon. Me an the brithers Grimsson hed some catchin up til dae. We did it mainly in the ale-hooses doon at the mooth o the Thursa river, near til whaar wir boats wis moored and the hoors wis toutin fer business beside the castle. That is, when they wisna inside the castle wi 'is lordship an 'is hingers-oan.

- Ach, boyags, it's grand til see ye. Fit's 'e craic 'e day?

- Yer seein it, Svein.

- Surely it's nae that bad, Asbjorn! Ye look lek shite, man.

- Thanks, pal. Chust fit ah wis wantin tae hear. Been oan the batter the last few nichts afore ye cam up, right enough.

- Aye, an he thinks he micht hiv caught a dose o crabs aff wan o the hoors in the toon.

- Hoors? Ye wir peyin fer it in Thursa? Aw the quines here is dreepin weet, man! Ye dinna hiv til pey fer it here o aw places.

- Ah ken, Svein, that Thursa's aye been fuhl o easy weemin. But ah hed tooken a right good fill, an wis fancyin a bit o silky-beard, ken? It's the only thing fit smells lek fish an tastes lek cloud-berries.

- Ah telt him that e'd be lucky tae find a bit o hairy skin oan the *hushel*, nivir mind some saft beaver, Svein. She hed teeth til her tits an tits til her taes, ah tell ye!

- She wisna that bad, Margad.

- No that bad, by Christ? Ye'd hiv tae hiv been awfa drunk or awfa desperate.

- Or baith, by the soonds o it, boys.

- Weel, she wisna up til ma usual standards, ah hiv tae say. But she wisna as bad as Margad's sayin, ken, Svein?.

- Maybes no, efter aw the hooch ye hed in ye, brither. But ah'll bet ye yer muff-dive smelt mair lek yon puffins Svein wis tellin us aboot.

- So fit weys did ye no tak him oot o it, Margad?

- Tak him oot o it? Ah telt him that freens wir fer leavin ye in the shit, an ah went back til ma boat.

- Freens maybes – but ye twa are brithers!

- Aw the mair reason! Ach, Svein, Asbjorn's nae a *pap-sooker*. He kin look efter himsel. Anywaysorno, ah wis oan a promise o ma ain. She wis waitin fer me in ma sleepin-bag. An ah tell ye, Svein, a blow job fae her wis gonnae blow the wax oota ma lowgs!

- Quite right, ma son. Memories live langer than dreams. Ah got a wee bit masel doon in Atholl, by the byes.

- Wi Maddad's wife, Margaret? Teisty bit, yon wan.

- The verra same, Margad. 'Pussy's bored', she telt me when ah arrived! An ah heard her tell her maid that the lass wid nivir harrow whaar she hed ploo'ed! But ah nearly got catched when Maddad cam back early fae 'is veesit til the King.

- Aye, but it'd been worth it, Svein.

- You bet, lads. We fecht lek fuck tae get oot o it when we get borned, then we fecht lek fuck fer the rest o wir lives tryin til get back in!

- An hoo many hiv ye hed, Svein?

- No as many as ye, Asbjorn. Fit are ye at noo? Twa, three hunner?

- Coontin gams?

- Coontin ony orifice.

- Weel...... ah coonted the furst hunner, then ah kinda lost track, ken? Twa, three hunner? Aye, that'll be aboot right.

Next mornin ah wis a wee bit woozy eftir aw the ale; but the craic hed been michty, an ah wis rarin tae go.

THE DEMISE O EARL PAUL

By the time ah hed ma crew egither it wis weel intil the otter huntin season. We kent tae heid fer Rousay whaar Earl Paul wis sure tae be. Wi the help o a guid north-westerly, we roonded west o Mainland intil Eynhallow Soond, huggin the coast aw the wey til Rousay. Right oan cue, a group o the Earl's men wis spotted by Asbjorn in amang the rocks under the heidland oan Rousay. Ah ordered maist o ma men tae hide under the tarpaulins wi me, an left ten men tae row in close. The ruse o bein merchantmen worked a treat. We wis advised tae mak fer Westness til land wir cargo o textiles an wines. Earl Paul's agents had a guid supply o wool, tweed, sheepskins, hides, falcons an fine Orkney cheese that they'd be willin tae trade. The Earl widna be disturbed at 'is huntin. No much he widna!

- Got him by the short an curlies, Margad, mah man!

Ah wheespered orders til the oarsmen tae roond the heidland an mak a landin oot o sight o the men fa wis absorbed in findin the puir wee otter an clubbin it til death. Then we sneaked ashore.

The battle wis short an bloody. We hurled stanes at them, an took a few oot that wey. Then it wis aw in close. Me, Margad an Asbjorn wis in the spot whaar the fecht wis maist bitter. Ah love til fecht, especially efter months o livin saft in the Hebrides an Atholl. Ah felt that anither man's iron couldna bite me. Ah moved intil anither state whaar ah felt nae pain. Naebody could keep me doon. Ye could stamp oan ma heid an ah wid chust shake it an rise til heid ye oot o the game. Nochin wis too much fer me. Wan time ah lost ma weapons in the heat o a fecht - so ah took ma opponent by the hair an killed him by bitin through 'is throat, chust as ma ancestor Egil Skallagrimsson hed done in Iceland many years afore.

By the wey, thir's some great craic handed doon by the skalds aboot Egil Skallagrimsson. When he wis only three years owld 'is parents left him at hame when they wis invited til a neebor's feast. They telt him he wis bad enough tae control when he wis sober, but when he hed a drink in him he couldna behave! Three years owld, fer fucksakes! Ah wis five afore ma granny gied me ma furst dram! When he wis six, he wis losin at *'knattleikr'*, the baw game played wi a hard baw an a heavy bat. He thumped 'is beeger, older opponent wi 'is bat. The ither lad threw him til the groond, an he wis jeered aff the field by the ither kids. He ran awa, but cam back meenits later wi a thick-bladed axe an split 'is opponent's heid through til the brain. 'Is faither went 'is dinger oan him when he got hame, as he wid hiv tae pey compensation; but 'is granmither is reputed til hiv said that he wid mak a guid Vikin wan day! Ah hope ma ain sons hiv some o 'is spunk! Chust some, mind ye!

Anywaysorno, oan this day when we wis ootnumbered, it wisna a problem. We fought mainly wi short-swords an axes, an many legs an erms an heids wis sned lek taps o thristle. Havin surprised the Earl's pairty wi only clubs in thir haunds, an scramblin fer weapons, we easily killed nineteen, til the loss o only six o wir ain hired crew, fa hed fought weel wi us, gie them thir due. Earl Paul wis tooken captive an securely bound an fettered oan board ma barge. By the wey, we spared Paul the shame o bein neck ironed an riveted til the mast, as wis normal wi prisners. He wis an Earl, eftir aw. Fer the time bein at least. We heided back west o Mainland, then atween Hoy an Grimsay, an east o the Swelchie intil the Moray Firth.

Thir's a great place til mak landfaw at the mooth o the Oykel River tae continue owerland til Atholl. Chust as ye come intil the river ye can see a beeg mound oan the right-haund bank. Weel, it's no that beeg – no compared tae the wan that Earl Rognvald telt us aboot in Oseberg, Norway. That wan's beeg enough tae haud a complete ship, and is maist lekly the burial mound o an owld queen, or so ah'm telt. But the Oykel wan's definately the burial mound o Earl Sigurd the Michty, the ancestor o wir Earl Rognvald, ken? When ah'm passin oan the story, ah tell ma sons that Sigurd died o the toothache. Weel, he did, in a kindo a wey. He'd double-crossed a bunch o Scots in a battle – they hed agreed tae send in forty men each oan horseback; but Sigurd pit twa men oan each horse, the sly bastard. They killed aw the Scots an took thir heids aff tae mount oan thir saddles as trophies. Oan the wey hame, Sigurd scratched 'is leg oan the heid o Mael Brygte, thir leader, that he wis kerryin. Mael Brygte wis nicknamed 'Bucktooth' oan accoont o 'is muckle beeg front teeth, lek the tusk oan a wild boar, ah telt ma bairns. The tooth wis infected wi god kens whit, an Sigurd died wi the poison oors later! Anywaysorno, that's whaar we ayeweys landed oan wir wey sooth.

Wir sea-route hed tooken us close til Helmsdale, an ah hed been sorely tempted tae mak a shore-thrust an attack Olvir – but fer that tae be successful ah wid need mair men, an no be encumbered wi an important hostage. Ah wis mindful o Ljotolf's coonsellin. Olvir wis no goin tae go awa.

At Atholl Earl Paul wis gied a lavish reception by Margaret an Maddad. High-born an powerful as he wis, he wis still astonished at the luxury oan display at 'is sister's coort. But he wisna fooled by 'is brither-in-law's hospitality, nor by bein gien 'is place o honner oan Maddad's high seat. He barely noticed whit wis oan offer roond aboot him. Aw the mair fer us, ah telt ma men. An, by Christ, we wis ready fer a grand substantial feed efter forty days o fastin fer Lent. Mind ye, yon 'dry-fast', as the owld Icelanders used til caa it, is a total joke. Ye can eat fish, whale, breid, vegetables, fruit an nuts. Ye dinna gang hungry. But ah missed the meit an the butter an aw the ither dairy foods that wis forbidden, Christ alane kens why.

- Come, brother. Relax! I know the journey here has been hard for you to bear. But my ladies are here for your every need. Eat. Drink. Enjoy the song and the dance and the poetry of my skald. Then make merry with whichever of my maids takes your fancy.

- Sister, ye offend me greatly. Ah hiv been attacked, an hiv lost some o ma best retainers. Ah've been imprisoned an brocht here agin ma will by this pirate, Asleifsson. God knows, ah hiv treated him weel ower the years; an this is how he repays me. It's a true sayin that the treachery of a freend is worse than that of a foe. An, by the wey, ah can see the glances ye bestow oan him, sister. An ye think I can be comforted by yer servin wenches in thir bed-straw? Whit is it ye really want fae me?

The next mornin he foond oot.

- Svein, you are to return to Orkney immediately.

- But, Margaret, ah hiv only chust arrived! Ma men an me hiv been locked in a separate bed chamber by yer man! We've no hed a chance tae....

- I cannot answer for my husband's suspicions. But it is little wonder Maddad locked you up, Svein, after the last time you were here. My husband is not stupid; and he forced enough information out of my maid to have us both thrown in a dungeon. So, say no more, as you say in Caithness, Svein. You are to set out for Orkney immediately, and ask Earl Rognvald if he wishes to continue to share the Islands with Earl Paul, or with my son Harald. It is my wish.

At this, her normally mild-mannered brither wis incensed.

- Ye bitch, snarled Paul. Thir's only wan answer Rognvald will gie. He hates me. How can ye do this til yer brither?

- I owe you noching, brother. I will have those accursed Islands for my son.

- Ower ma deid body, ye will!

Paul, weaponless, went fer 'is sister's throat.

Ah hed been waitin fer him tae dae somethin foolish tae gie me an excuse. Afore he got oot o 'is seat ah hed him by the throat wi wan haund til keep him aff Margaret. Wi ma ither haund ah took oot baith 'is een wi ma dagger. Under Margaret's directions, ah dragged Paul til the dungeon already waitin fer him. Wan o her retainers wid feenish him aff later, ah wis sure.

Ah thocht that Margaret micht hiv been upset at the sight o aw this violence; but far fae it. Her een wis poppin, an her cheeks wis glowin wi excitement, ah kid ye not. Too guid a chance tae miss.

- Don't suppose thir's ony chance o a quickie afore ah'm oan ma wey north, lass? ah asked Margaret, efter we hed locked her brither up.

- Svein, get thee hence! she laughed, as she hoicked up her skirts.

ROGNVALD BECOMES SOLE RULER

Wance mair, ah foond masel oan ma knees afore Bishop William. Orkney wis afloat wi rumers ower the disappearance o Earl Paul. Ma confession wid hiv cleared up the mystery – but the wily owld Bishop kept the secrecy o the confessional, an kept the Orkney fowks guessin as tae thir Earl's fate.

Ah fed Earl Rognvald a cock-n-bull story aboot how Earl Paul hed repented aw 'is past ills, an hed desired tae be left in a monastery in Atholl, blinded an maimed tae deter ony veesitors frae the Islands, tae see 'is days oot in prayer an penance. Rognvald looked at me as if ah wis a farthin short o a penny; but he accepted ma version o events, wi mair than a slight smirk, an didna question me further. But ah could see that he wis lek a peacock wi twa tails at the doonfaa o Paul; an he immediately spread the word amang aw the fermers that Earl Paul wis gone fer good. Aw the wans that hed been waverin in thir support fer Rognvald cam ower noo tae pledge thir allegiance an submit tae 'is rule – even Sigurd o Westness, fa hed discovered the bodies o Paul's men. He hed remained skeptical as tae fa wis responsible, despite the Bishop hintin tae him that Frakkok and Olvir Brawl micht hiv hed a haund in it.

Earl Rognvald wis noo sole ruler; an Bishop William brokered a truce atween Rognvald an masel that let me return til Orkney an tak possession o aw ma faimly properties.

SAINT MAGNUS' CATHEDRAL

Shortly efter this, Rognvald started oan the construction o the muckle kirk in Kirkwall, in memory o 'is uncle, the great Earl Magnus. As a matter o politic, Rognvald hed promised tae dae this oan 'is elevation til Earl by Sigurd, the King o Norway. But, lek all o us, even the good Bishop William, he took the so-caa'd miracles o Magnus wi a large dose o mandrake – healin blind folks an lepers an cripples an so oan. But the wan story he didna doot wis whaur Magnus hed dealt wi a madman fae Shetland, a man caa'd Sigurd Tanrason. Even tho the bishops hed forbidden it, lots o fowk still kept til the owld traditions; an a man possessed by the De'il in those far north islands wid hiv been tooken til a swamp an sunk, wi stakes driven through 'is body tae prevent 'is spirit returnin til tak possession o some ither body. Either that, or he wid've hed 'is heid pit in a bag tae cover 'is evil een, then been staned, or drooned at sea wi a muckle stane roon 'is neck. But, oan this occasion, the Shetlanders hed sewn Tanrason up in a coo-skin an tooken him til Kirkwall, whaar he made a remarkable recovery at the tomb o Magnus, oan Birsay. Fer this miracle alane, Magnus deserved 'is cathedral.

Mind ye, it's ma opinion that Rognvald wis chust tryin tae appease the priests tae enhance 'is ain reputation fer piety. A'body kent the stories o how he hed hoored aroond in the taverns o Grimsby an Bergen as a lad o fifteen. He hed tae improve 'is image if he wis evir tae become a saint lek 'is uncle.

Rognvald's faither, Kol, wis in charge o the plannin an buildin o the beeg kirk; an the best masons fa hed worked doon in England oan Durham Cathedral wis brocht north. They used local red sandstane fae a quarry near Kirkwall, an yellow sandstane fae the island o Eday. Efter the furst year o buildin work, Rognvald ran intil serious money problems ower the construction. As usual, 'is faither cam up wi the solution. He raised the siller through sellin estates aff til the local fermers. So, insteed o bein tenants an peyin an annual feu, they became property owners in thir ain right. He easily made enough tae finish the kirk wi'oot skimpin.

The remains an relics o St Magnus wis later transferred fae the peedie kirk oan Birsay til Kirkwall.

Ah, meanwhiles, wis gettin oan wi lookin efter the lands ah hed inherited in the Islands and in Caithness; an in makin sure ma tenants aw kent fa wis the new boss.

ST MAGNUS' CATHEDRAL

47

EARL HARALD

At the Yule festivities a couple o years later, Bishop Jon arrived in Orkney fae Atholl. People aw thocht he wis a man o strange an imposin looks. Ah thocht he looked a richt *gluffass*, lek a giant troll, wi 'is weird hair an moustache that covered 'is mooth. 'Is face reminded me o ma mither's brush fer sweepin oot the sharn. But Earl Rognvald welcomed this powerfuhl delegate fae the sooth wi open airms an generous hospitality – even gien him 'is ain high-seat, an actin as 'is personal cup-bearer. Talk aboot sookin up til him! Then the Bishop went oan til Egilsay tae scheme wi wir Bishop William. They spent a couple o weeks feastin an drinkin an conferin an newsin aboot aw the latest fae England an France an Rome an Byzantium; then they cam egither, in a grand procession, tae meet wi Earl Rognvald at Knarston. Tae ma surprise, an much tae ma added prestige, these powerfuhl men invited me til the meetin, as a witness til aw that wis bein brokered oan behauf o Earl Maddad an the young Harald. Rognvald couldna agree quick enough tae the terms o the settlement, especially as it wis made clear that he wid ayeweys be the senior partner, even when Harald cam o age. The political gains in sharin Orkney wi a three-year-owld an 'is mentor wid be enormous.

The bairnie Harald was invested as Earl in Kirkwall in a ceremony durin which me an the ithers could hardly keep a straight feice. He wis still in shitty clooties, b'Christ, an at the pap o 'is wet-nurse hauf weys through the ceremony til stop him fae *peepin*!

Ah, fer ma part, cam oot o it weel. In abodies een it wis clear that ah wis a man o influence. An earl maaker. Aside fae a truce wi Rognvald, ma influence wis further greatly enhanced through a marriage atween ma sister, Ingigerd, an the young Harald's foster-faither, Thorbjorn Klerk. Klerk hed made 'is reputation as an enforcer in Atholl. He wis noo entrusted wi representin Harald's interests an lands in Orkney, as weel as bein responsible fer mentorin the buddin Earl. Mind you, he wis also the son o Gudrun Frakkok's-Dochter; so ah wid hiv tae watch ma back whenivir he wis aroond. Keep yer freens close an yer enemies closer, ah ayeweys said!

By this time ah hed come intil fuhl possession o aw ma faither's lands in Caithness an Orkney, an ma brither Valthiof's estate oan Stroma. Ma power base wis noo complete in the North o Scotland; ma remainin faimly wis aw safe; an ah hed powerful freens an allies in the sooth.

It wis time fer Frakkok an Olvir Brawl tae pey thir dues.

REVENGE OAN FRAKKOK

Frakkok an Olvir Brawl/Rosta — the beeg, strong, trouble-makin son o her dochter, Steinvor the Stout - hed lang been livin wi the knowledge that wan day ah wid avenge ma faither's death. They kent they hed only bocht some time wi the deal ah hed made in Thursa wi thir kinsfolk. Bocht masel some time tae, ah micht add. Thir base an major holdins wis weel til the sooth o Duncansby, at Kildonan, in Sutherland, an virtually immune til an o'erland attack. Ma spies kept me weel informed aboot the precautions they wis takin. They re-doubled lookoots, an built extra smoke towers an fire-beacons til the north an sooth o Helmsdale oan the east coast, knowin that ah hed tae come fae there fer a shore-thrust. As an extra precaution, they fortified the Kildonan buildins, strengthened stockades an gates, an even thocht aboot raisin a defensive mound — but Olvir scoffed at this idea as a waste o effert, thinkin that plenty o advance warnin wid be gien when ma forces approached up the Kildonan strath fae the coast.

But ah hed ither ideas, which hed been thrashed oot wi Asbjorn an Margad. Earl Rognvald's support wis vital fer such an undertakin, tho ah didna tell him aw ma plans; but he hed been loath til gie ony firm commitment.

- Ah'm only askin fer twa weel-fitted-oot ships an crew, ma Lord!

- Why should I gie ye this, Svein? Frakkok is owld noo an poses little threat til ye.

- She will cause me trouble as lang as she lives. Ah didna expect ye til refuse me this small faver, Sir. But ah can appreciate yer reluctance, gien the assistance she gied ye agin Earl Paul when ye wis seekin inroads oan Orkney fae Shetland.

Ah wis treadin oan dangerous groond here, an ah kent it. But whit the fuck. The risk wis worth it. No only hed Frakkok used her extensive faimly network tae supply men an ships tae attack Earl Paul at Tankerness; but she hed previously actually tried tae murder Paul, her ain nephew, by makin a poisined shirt fer him, the owld witch. Unfortunately fer Frakkok, Paul's brither, Harald Smoooth-Tongue, hed donned the shirt insteed, despite the pleadins o 'is aunt no tae, an met wi a horrible death, makin Paul the sole ruler o Orkney in the process. Fer this, Frakkok hed been banished til her estates in Sutherland. Oan the ither haund, Earl Rognvald wis greatly beholden til me fer removin Earl Paul an openin up the haill o Orkney til him.

- Also, ma Lord, Olvir Rosta is ayeweys tae be reckind wi.

-Yer right there, Svein. Ye'll hiv ma support. Ah value yer freenship above them aw. Noo, a horn or twa o ma best mead!

Wi the addition o the Earl's ships an guid crews o oarsmen an experienced fechters, ah noo hed the force ah needed. Ma plan wis ingenious, an virtually fool-proof. We by-passed Helmsdale, weel oot til sea an oot o sight o the lookoots, an made land at Banff in Moray. Fae there, it wis a lang, but fairly easy, trek til Atholl ower weel-trodden drove roads, fer a few weeks carousin fer masel an ma men. Ah left Rognvald's crews tae go oan a vikin alang the rich pickins o the Moray coast, attackin Celts an Gaels an Norse settlements alek. Baith groups o warriors wis weel content tae dae this efter the lang, dark days o the northern winter. Ah ken that some fowks thocht ah wis daft da'in this lang detour – but ah kent Frakkok's spies wid hae telt her aboot us leavin Orkney wi the Earl's ships. When she heard aboot us bein weel sooth she'd a thocht thir wis nochin tae worry aboot.

Wir twa forces met up again at the mooth o the River Oykel. Wi the help o Earl Maddad's guides, fa kent every route through the mountains, we took til the hills an forests, an travelled north, weel aboon aw the settlements, til Strath Halladale. By Christ, it wis a hard trek, especially fer the men chust aff the ships. Thir muscles wis weel tuned til the rowin an sailin, but wisna sae weel up fer the hills. Thir wis a lot o grousin fer the furst couple o days when the wether turned agin us an we got soaked til the skin. We coudna chance fires fer fear o gettin spotted, an word gettin til Frakkok. An matters wis made worse because we didna hae ower much til eat, apart fae wir basic rations o meal and dried fish. But we made it undetected, an in fairly guid time.

Wance we wis in position, ma battle orders wis clear:

- Not wan o Frakkok's fuckers is tae be left alive, especially the Owld Harpy hersel! But ah will banish a'body fa lays haunds oan Olvir afore ah get til him. That cunt's death-blow is mine. Ah'll either cleave 'is heid an force 'is teeth oot 'is throat wi wan blow fae this battle-axe o mine, or ah'll cut the 'blood eagle' oan 'is back wi ma sword! (Ah didna hae time tae explain this tae some o the young chiels – but if they got tae see me runnin him through fae the back, an severin aw 'is ribs doon til the loins, an pullin 'is lungs oot, they widna forget it.)

The ruse warked weel. We wis haufweys doon the hill ahent Frakkok's fermsteid afore we wis spotted. Olvir wis wan o the furst tae see us, an 'is horn-summons rapidly brocht aboot sixty defenders fae the nearby fields. It wis lucky fer him that they heard it, as it wis near drooned oot by the war whoops o wir Islanders.

The defenders didna pit up much o a fecht, mair concerned wi escapin til the forest than facin up til us. But, anywayorno, they wis nae match fer us comin doon the hill at them. Some o the fechtin wis ferocious, an mainly haund-til-haund efter the spears an stanes hed been throwed. Axes an knives left many wi groosom wounds an severed limbs, afore the survivin Kildonan men wis forced back intil the hoose tae defend owld Frakkok.

- Dinna waste oany time oan them, lads! Burn the haill place doon, shouted Asbjorn, as he threw the furst firebrand ontil the thatch.

It wis a joy tae hear the owld hoor Frakkok screamin her last as the roof beams fell in aboot them. Ah widna pish oan her if she wis oan fire – but ah couldna wait til pish oan her ashes.

Olvir hed been spotted fleein til the Helmsdale River, faster than the Scots couple the Greenland Vikings hed used as runners alang the shore in America til see if thir wis oany natives aboot. It wis said that they could run faster than a deer – but Frakkok's sprog wid've beat them ony day. Fae the river, he took til the forest an up intil the hills - too late fer me tae get ma haunds oan him. Word got back later that he reached the west coast an eventually made 'is wey oot til the islands. The peice o shit nivir dared set foot oan the Mainland again; an ah wis nivir lucky enough tae run intil him oan ony o ma future raids til the Hebrides.

Olaf Hrolfsson hed been avenged at last, even altho ah wis cursin the fact that Faither's killer hed escaped ma battle-axe.

Wi Rognvald's men, we followed up the routin o the Frakkoks by a series o summer vikins alang the coast o Sutherland an throo'oot Scotland. The booty haul wis modest in comparison wi fit could be gained further afield; but it wis mair than sufficient fer me tae repey Earl Rognvald fer 'is material help wi the expedition.

HOLDBODI AN WALES

Ye'll mind that Holdbodi Hundason, the great Norse chieftain o the Hebridean Islands, hed previously gied me shelter when ah wis oan the run efter ah murdered Earl Paul's Forecastle Man, Svein Breastrope, yon Yuletide. Debt-dues amangst us Norsemen wis nivir fergotten. Holdbodi noo summoned me til 'is assistance agin a foe fa wis wey too strong fer him tae deal wi alane. Ah owed Holdbodi, an couldna turn him doon.

The Isle o Lundy - Puffin Island (better no tell Huckster that!) - in the Bristol Channel, hed wonderful natural harbors, an wis in a strategic position atween England, Wales an Ireland. It wis the main base o the Norman-Welsh pirate, Lord Robert, fa hed attacked Holdbodi. That wis durin the reign o King Stephen in England. Later oan, efter Earl Rognvald hed cam back hame fae the Holy Land, it wid be granted til the Knichts Templar by King Henry II o England, in a bid tae control Norse raiders lek masel. Nae chance! Fae there, Robert terrorised passin shippin, an launched 'is raids in every direction, even til the sooth o Europe, through the Straits o Gibraltar, an the Saracen lands o the eastern Mediterranean Sea. His attack oan Holdbodi in Tiree wis bold an devastatin. Holdbodi's estate wis destroyed, an Robert made aff wi large amoonts o booty an coin.

By the time ah hed again enlisted twa o Earl Rognvald's ships an crews – he wis less reluctant this time - tae go til Holdbodi's aid, thir wisna ony sign o Holdbodi in the Hebrides. He hed fled til the Isle o Man, unaware that Robert hed already plundered, raped an killed there oan 'is wey sooth. Fortunately fer him, Robert hed left by the time o 'is arrival there, returnin til Wales booty-rich wi cloth, ironware, siller, jewellery an young female slaves. Still, it wis wi great relief that Holdbodi welcomed me an ma men when ah finally caught up wi 'im.

Ah heided fer Wales wi Holdbodi. We hed five ships an close oan 150 men atween us, quite the wee armada! We attacked several settlements, includin Jarlsness, whaar we burned an looted six ferms afore we hed tooken wir breakfast wan mornin! We continued in this wey roond the Welsh coast. Robert weel kent we wis oan wir wey, an hed tooken refuge in 'is fortress oan Lundy. It wis easy fer us tae mak a landin, but, despite a lang siege, we werna able tae tak the stronghold. Ah even tried the trick that Harald Sigurtharson fae Norway hed worked in Sicily. He captured loads o wee burds, ken, wha nested in the besieged toon he wis tryin tae capture. He glued resinous pine shavins, soaked in molten wax an sulphur, til thir backs, an set them oan fire. The per wee things fled back intil thir nests in the thatched roofs in the toon an set the haill damned toon ablaze! But the pigeons we catched fae Robert's doocots went berserk when we did this til them, an chust whirled aboot aw ower the place til they crashed in puffs o smoke. We must've pit ower much sulphur oan them. Anyweys, we made up fer it in further ravagin Wales, an returned til the Isle o Man wi much mair booty than Robert hed tooken fae there, an wi chests o freein-money an tribute-money.

Holdbodi continued hameward til the Hebrides afore winter set in. He hed 'is work cut oot fer him tae repair an rebuild efter the Welshman's attacks. Ah wisna in such a hurry til get back up north.

A WEDDIN

Lord Robert hed slain wan o the wealthiest men in the Isle o Man, a nobleman named Andrew. Oan Holdbodi's advice – no that ah needed mukkle persuasion when ah set ma een oan the widow, Ingirid – ah set aboot wooin the wealthy wuman fa, under Norse law, hed inherited aw o her husban's estates. Ingirid, despite the protests o her young son, Sigurd, needed little persuasion hersel, ah micht add. Apart fae ma power an wealth in the North, she later telt me that she appreciated the lust that wis comin oot o ma een, an she thocht ma compact, muscular body wid mean a beeg cock. She wis not disappointed, if ah say so masel. An, ah kin tell ye, the lady wis goupin fer it. Her only condition til marryin me wis that ah wid avenge the death o her husban agin the Welshman. Not a bother.

Ah steyed oan in Man tae supervise the last o the rebuildin there, an began extensive preparations fer ma weddin feast wi Ingirid. It wis timed tae start oan a Friday, as Frigga wis the owld god o marriage; an, due til the number o guests, it wis tae be held chust efter harvest time, when supplies wid be plentiful. Many barrels o strong feast-ale, as befittin a powerful chieftain, wis brewed an left tae mature. Mead wis fermented an fortified, ready fer mullin wi spices. Hogs wis fattened oan a diet o acorns. Oxen an cattle wis butchered an hung. Pigs' blood sausages, flavirred wi thyme an oregano plundered fae the Welsh, wis prepared. Pigs' trotters wis marinated in honey an herbs. Mutton an fish wis smoked. The bakeries wis goin flat oot tae produce the vast quantities o breid an breid-cakes that wid be needed tae feed the hunners o guests fa wid come fae every airt o the island tae celebrate wir weddin. Ah made up ma mind til pit oan a show them peasants wid nivir ferget. Nae puffins, tho!

Fer the actual ceremony ah made an exception til ma normal mode o dress. Ah'm chust o medium height, but am barrel-chested, wi broad shoolders an strong erms. Ah'm nae sae much handsome as warrior-lek, ken? wi ma crooked nose an scars; no til mention ma dark complexion, curly chestnut hair an black een, which some hiv described as evil, as ah already telt ye. Ah dinna look guid in finery – but, hell, this wis a special occasion; so a let wan o the maids kleep ma hair an beard, an wash aw ma bits wi chestnut soap when ah hed feenished ma sauna. She fair took her time wi ma owld man, but ah wis in nae hurry, if ye ken fit ah mean. Thir'd be nae crud tae spoil the teist o ma cock oan ma weddin nicht, that's fer sure. Ah fetched oot ma finest scarlet tunic an cloak. Must admit, when ah looked in the bronze keekin-gless an seen masel wi ma gilded helmet, red and gold shield, and weapons inlaid wi gold, siller and walrus ivory, ah looked a really impressive bastard! A man o consequence, indeed!! Oh, aye, an ma bride wis decked oot fine as weel, and wis sportin the white heid-dress, heavily embroidered wi gold, that ah hed gied her fer wir betrothal. Didna tell her whaar ah'd got it, ken. A maist costly treasure. The wife tae! Ither than that, we didna exchange the normal mornin-gift an bride-price, as we wis baith rich in wir ain right. Ah kent ah wisna gettin a virgin, an she kent fine fit she wis gettin!

Of course, the priests hed tae hiv a say in the weddin – but we kept bits o the owld tradition. We exchanged ceremonial swords afore the rings, an we tendered the rings oan swords til each ither,

59

baith as a sign o protection, an as a warnin til each ither if we broke the vows! An we held haunds oan the hilt o the sword as we took wir vows. Ah'm a beeg saftie at heart! We also drank the honeyed mead til symbolise fertility an good health, mutterin 'Thor' an 'Odin' an 'Freyja' under wir breaths as the priest chuntered oan in Latin. But when some o the lads suggested followin us til bed wi torches tae witness the consummation, ah telt them whaar tae go an fit til dae!

The celebrations lasted fer nigh oan fower days 'til every scrap o food an drink hed been consumed. No every scrap, ken – thir hed til be enough mead fer me an Ingirid tae drink every day through the 'honey-moon'! An it wisna confined tae eatin an drinkin. Ah brocht in chugglers an chesters fae Ireland tae entertain the crowds wi somersaults, jokes, mimicry an ventriloquism. Ah arranged fer contests o strength, includin wrestlin an grapplin; stane-runnin an throwin; finger-tuggin an team tug-o-war; knot-liftin an flat-buttock liftin, durin which many a limb wis snapped an neck dislocated, til the crowd's delight. Ah didna tak pairt in the knot-liftin, even if ah hed won the contest efter the previous Althing. It wis ma speciality event, tho ah could nivir match the ship's mast kerried by the owld Icelander, Orm Storulfsson, back in the day. 'At weighed in at ower 1400 pun, b'Cheesus! An, anyweys, ah wanted tae mak sure ma back wis in fine condition fer the nuptials. Ah mind wan time back in Orkney efter a similar contest, when ah hed really hurt ma back. Ah wis hirplin through Stromness when an owld flame shouted oot, "It's time ye gied up sex, Svein!" "Sex is guid fer a bad back, wuman!" ah answered. "No the wey ye used til dae it!" cam her reply!

Wan o the days o the games, twa rival village teams wis hivin a go at each ither at the turf game. A great beeg clod flew oota the area an caught an onlooker square oan the heid. It knocked him doon, an verra nearly oot. The players wir laughin thir heids aff – but next thing the boyag wis back oan 'is feet, sword in haund, an breengin ontil the field wi 'is mates. Some fuckin fracas followed. It wis mair fun than the game! Anither day thir wis a baa game goin oan. The baa ended up in the spectators' benches, right up the skirts o a beeg, dark-eyed, *hushel* o a wuman. She dared e boyag fa's bat it hed skited aff tae come an retrieve it himsel. By the time he foond it the wifie wis fair squirmin wi delight. The baa wis a bit soggy, ken!

The match-makers wis hard at work throo'oot the feast, gangin fae tent til tent, preparin fer the next roond o marriages, an bargainin ower dowries. The dancin tae the pipes an fiddles fair settled a match or twa, an gied ithers ideas.

A'body wis agreed that it hed been the best weddin they hed been til. The leadin chiefs hed aw gotten grand presents fae me; an, in return, they hed gied us some braw gifts. Ma favrite wis a thick bearskin coat wi metal rings til strengthen it. They caalt it a *'byrnie'* doon there. Ingirid's favrite wis a coat tae – a lang, golden musquash fur coat wi a grey wolverine fur hood. Baith coats wid be great fer the Orkney winds. Ower the winter much hospitality wis returned til me an Ingirid by the islanders. Ingirid complained that thir wis clear signs o ma beer-*bowg* appearin by the followin spring – but she thocht ah suited it.

It wis obviously time fer mair action.

SEAFARERS

Ah didna need much promptin fae Ingirid tae go efter Robert wance mair tae avenge the death o her man. Ma men wis battle-ready efter the winter's chores an boredom. Wir three ships wis voyage-ready, an fully provisioned wi porridge, butter, smoked lamb, dried halibut an cod, an pickled herrin. They hed been completely overhauled, cleaned an tarred durin the dark months. Ony gaps in the plankin wis re-filled wi animal hair an tar. Aw the sails wis weel barked agin salt corrosion – ah love that smell o tar! Iron row-locks wis treated wi fresh seal-fat, the better tae mak a stealthy approach til land when needed fer a nicht raid. An the men hed spent many an oor afloat practisin an perfectin thir rowin technique so that the oars made only the barest plash as they entered an cut through the watter; an thir timin wis perfect. Ma only regret wis that ah hedna been able tae lay ma haunds oan a sun-stane. We hed run intil some really bad fowg oan the west coast, an wance or twice we hed been driftin aimlessly wi'oot a clue whaar we wis. We sailors hed aw heard the legends o these magic stanes fit could reflect the sun through fowg an mak it easy til navigate – but nane o us hed ever cam across wan. Maybes ah'll pick wan up in Wales or Ireland – but ah think thir'd be mair chance in Iceland if ah ever get there. Wid be fine an haundy til hae wan. Must be worth a fortune. Ah wid be willin tae trade aff ma magnifyin gless agin wan. Ah got it fae traders fae Gottland fa hed gotten it fae Arabs. They telt me it wid come in handy fer ma owld age so's ah could find ma pecker – but ah micht no get there! A sun-stane wid be mair use ofenow.

LONGBOATS

Masel an the ither natural left-haunders favored a larboard oar –
but ah hed often tooken a starboard oar in ma yooth tae
strengthen ma right erm. Lek many o ma men, ah used ma left erm
tae throw spears an launch missiles, but ah wielded sword an
battle-axe wi ma right. Daggers fell naturally tae either haund, as
many a deid man could tell. Usin baith haunds helped at the baa
games tae, by the wey, especially *cammag*.

The ships' prows wis freshly painted in blood-red. In owlden
days the custom wis tae sacrifice a goat an let its blood run ower
the bows – but the priests hed pit a stop til that. Prayers til the
Christian God wis allowed fer wether-luck; but the owld gods wis
turned til fer weemin-luck an gold-luck, an tae combat watter-trolls
an sea-monsters by superstitious, seafarin men lek wirsels. We still
lekked tae see Odin's birds, ravens, flyin owerheid as a sign o guid
luck; an some o us hed amulets roond wir necks which the priests

thocht wis a cross, but wis in fact an upside-doon Thor's hammer. Chust in case!

Goin til sea still held many dangers an discomferts fer the crewmen. But the stories o the hardships suffered by wir ancestors, which hed been passed across the generations by the story-tellers an bards, made us feel no sae hard done by. Wir chances o bein sold intil slavery, an havin tae serve years as galley-slaves, wis non-existent in these northern watters. Ma crews wis all free men, topped up when necessary by hired haunds. The tales o scourgein, tongue-cuttin, an even castration – the worst o all punishments fer a Vikin warrior – didnae apply til us, unless we risked goin oan a crusade til the Holy Land, an wis bested by pirates there. The owld privations fae rancid pork, mildewed dried herrin, stale an maggot-ridden meal fer porridge an breid, putrid watter wi nae hame-brew tae sweeten it, wis largely confined til the smoke-filled bothies an langhooses fer entertainment, an til scare the bairns. Aroon the coast o Britain an Ireland fresh supplies wis only a shore-thrust awa. Only the constant curses o sea-sickness an love-sickness hed tae be contended wi!

Trade wi the Mediterranean, the Baltic an the islands o the North Atlantic wis carried oot by large, weel-provisioned cargo ships, crewed by merchantmen an hired haunds. They provided us wi a guid source o revenue in harbour dues, pilotin fees an freenship-money when they cam intil northern ports tae dae business. But wir langships fer raidin couldna be beaten. We wis itchin tae get them oot o the boat-hooses, launched an made ready wi the tackle.

But, furst, ah hed tae secure the assistance o Holdbodi agin the Welshmen. Ah set aff north til Tiree. Holdbodi refused assistance, sayin that 'is best men wis aff tradin, an those remainin coodna be spared fae workin oan the land an continuin til re-fortify the islands. Ah wis weel an truly pissed aff by this, but totally unsuspectin o Holdbodi's real motives. Ah learned later that Earl Rognvald's warnin til me the previous year, tae watch ma back fae the Hebrideans, hed been chustified. Holdbodi hed come til secret terms wi the Welsh, an wis leavin me oot tae dry. Or so the cunt thocht.

IRELAND

But fer us thir wis nae haudin back noo. A fuhl attack agin Robert in Wales wisna in the runes wi'oot the extra manpower, noo that Holdbodi hed let me doon – but thir wis ayeweys rich pickins til be hed in Ireland fer raids, despite the ever-growin power o the Irish kings.

Mind ye, ye hed tae be canny ower in Ireland them days. Some Irish harbours an toons gied safe conduct til merchants; but ithers wad confiscate yer cargo, even if ye anchored ower close til shore. Ah mind wan o the lads fae Westray, beeg Olaf Sigurdarson, a beeg topper o a loon if evir thir wis wan, tellin me that he hed foond himsel in this situation a few years sine. They hed anchored affshore til ride oot a storm, but hed got beached lek sticklebacks oan a mud flat durin the nicht. In the mornin, the locals demanded the surrender o the cargo, til await the judgement o the local king when he arrived oan the scene. Olaf wis hivin nane o it. He got 'is crew tae line the gunells wi thir shields owerlappin, and wi thir spears pointin ootwards. Then the canny beeg bugger hed pit oan 'is best gilded helmet an mail-coat, an paraded oan the prow wi 'is red shield, wi a beeg gold lion outlined oan it; waved 'is gold-embossed sword ower 'is heid; then spoke til the natives in fluent fuckin Irish! Sweet-talked 'is wey oot o it – but only because 'is mither wis an Irish slave-girl fa hed risked her life by secretly learnin him her tongue. The locals even helped him refloat 'is ship! But the men fae the north o Scotland an Norway hed ayeweys prized Irish weemin above all ithers; so ma men wis aw up fer it, no matter whit the risk.

In earlier times, the city o Cork in the sooth o Ireland wis famed throo'oot the Vikin world. It hed inns an ale-hooses an barber-shops - an brazen hoors fa paraded the streets close til the harbour, tauntin the men efter days at sea, tae see if they could afford whit they hed tae sell. They selt plenty. We wis nivir short o gelt. Every ither commodity imaginable wis available in its markets. Men fa hed lost thir weapons durin shore-thrusts an sea-battles could tak thir pick fae the deid warriors' weapons that wis oan sale. Iron kettles, an ither implements which hed been lost or damaged at sea, could be replaced. Trinkets, lek siller coin bracelets an necklaces, could be bocht fer the weeminfowk back hame. But, above aal else, Cork wis famed fer its slave market, an renowned fer the variety an quality o its female slaves in particular. Saracen weemin fae the Ottoman lands, Blackamoors fae Spain an North Africa, Tartars fae the michty rivers in Russia, wis aal prized an keenly bid fer. But the highest prices wis ayeweys paid fer the red-haired, cream-skinned Irish girls, many o them fa hed been guid enough fer the kings o Ireland, but fa hed been tooken as hostage an gaun un-ransomed. They wis haughty an untameable fer aal but the strongest-willed o the Vikins. An whit bairns they produced wi the tall, fair Norsemen! Ma second wife, Ingirid, wis descended fae such stock, an provided me wi a splendid son, despite ma swarthy looks.

Ma beegest bonus that summer vikin wis a chance encoonter wi a barge belongin til monks fae the Scilly Isles. Wi the spread o Christianity til the haill o Britain an Ireland, the bishops an monasteries hed vastly increased thir power an wealth. Lang gaun wis the days when we Norsemen used tae string clerics up in trees an use them fer arrow practice, or trade them aff til Sweden fer guid rye tae mak strong drink fae! Lang gaun, tae, wis the days o austerity practised by the early shaven-heids. Many o them, as Bishop William telt me later in Orkney, hed kept til the ascetic teachins o Pricillian, fa evir he wis, fer centuries oan these remote islands aff the sooth coast o England. But the easy livin hed gotten til them, an they wis noo as fat an prosperous an acquisitive as any secular merchant. Mair sae, in fact. Thir barge wis barely afloat, low in the watter wi wine an honey; cloth, woollen an leather clothin; salted goats' meat, smoked fish an turnips; iron kettles an fermin tools. An no a weapon in sight! It wis aw too easy fer wir crews, wha wid hiv much raither grappled, boarded an fought haund-til-haund fer thir plunder. But the fine red linen we captured wid entice many a girlie intil bed tae be rewarded wi a new, exotic perr o breeks which they could flash under thir hodden-grey skirts when the dancin started.

It wis wi a booty-rich harvest, even discoontin the freenship-monies we hed extracted fae several Irish an Welsh coastal villages, that we returned til the Isle o Man in the autumn.

Full evidence o the extent o Holdbodi's treachery wid surface the followin spring.

HOLDBODI'S TREACHERY

Ma stepson, Sigurd, wis the furst tae raise the alarm. He hed quickly lost 'is dislek o this man fae Orkney fa hed mesmerised 'is mither at a time when he felt she should've been mournin the death o 'is faither, an centrin athing oan him. It's true that ah wis infectious in ma love o life. Ah spent oors teachin the young lad in the weys o a true Vikin, an hed quickly won him roond. But, as ah wis sayin, Sigurd hed been in the middle o 'is furst screw wi wan o the neeborin quines in a wee heathery hollow oerlookin the cliff. Thir wis wan o them misty vapours that hing ower the sea when the temperature's changin, an it wis aw romantic an kindofa spooky at the same time, ken. Ideal conditions fer 'is furst ride. The loon took a keek oot til sea an seen the raidin pairty comin stealin in oot o the *aime*, as it wis caa'd, ready tae beach thir ships. The perr *bikie* nivir even hed time tae get 'is gunni aff! Aw he got fer 'is trouble wis a deid forkytail under 'is foreskin that he foond in the sauna that nicht! The eariwig must've hed mair fun than the loon did! By the time he an 'is girl hed run back til the steadin, an ma men hed rapidly airmed themsels, the raiders wis brandishin torches an approachin the furst o wir oot-buildins, ready tae set them alight. Wan o Ingirid's retainers hed immediately soonded 'is summons-horn, a kind o trumpet thingie, while we fought aff the furst o the attackers; an within meenits aw the able-bodied inhabitants o the district hed come til wir assistance fae the fields close by. Sigurd tried til tak part, but ah shooed him intil the hoose, tae defend the weemin, ah telt him, tae mak him feel better.

The fecht wis short an savage. Ah personally gied the death-blow til at least three – wan by cuttin 'is shoolder-blade in twa, wan by hackin aff a leg, an wan ah cured o 'is back-ache by hewin 'is backbone in twa wi ma halberd. The raiders wis sent runnin, leavin thir seriously wounded an deid ahent tae be feenished aff an plundered. Thir'd be nae rape o prisners oan wir ain territory in front o wir ain weemin an bairnies, ah ordered. Twenty-six raiders hed been killed, an we hed lost chust twa o wir men an three o the local fermers. But many hed been wounded; an soon the owld *bauchles* fae the village wis applyin thir healin-stanes an age-owld remedies that appeared fae naewhere oota the presses an kists. Sacred onions wis tooken doon fae the rafters. Hot clay poultices, soaked wi the juice o crushed ants an wormwood, wis applied. Pastes made wi sloe juice, bull's blood, boar's gall, saltpetre an juniper watter; an salves o snake-fat, breast-milk, honey an herbs; wis aw used tae treat the injured whaar they lay oan the battlefield, or in the *sykehoose* we set up in a barn. The only missin remedy wis holy watter made fae washin a relic – but the priests drew a line at providin that. Either that, or they had traded aw the relics aff to get puir buggers intae heaven faster. The deep wounds an severed limbs wid respond better til this treatments fae the owld weemin, an til the sorcery o thir incantations til the owld gods o the troll-craft, than til the prayers o the priests.

But Holdbodi, fa hed been seen leadin the attack in its early stages, hed escaped til 'is ship, an wis weel oot o arrow-range oan 'is wey til Lundy an 'is new ally, the Lord Robert. By Christ, he'd need aw the allies he could get if ah evir goat ma haunds oan him again. Ah hed finally learned ma lesson aboot the men fae the Hebrides. Frae then oan, ma hoose wis ayeweys heavily guarded, an lookoots posted alang the coastline, wi beacons ready tae light at ony time o the day or nicht.

GAIRSAY

It wis noo weel past the time tae return til ma northern hameland. Ah left some o wir lands in the Isle o Man til trusted kinsfolk o Ingirid, but selt maist o them fer cash. Oan ma wey hame til Orkney, ah couldna resist torchin the fuck oota the Isle o Lewis in revenge fer Holdbodi's treachery – no that thir wis much tae be gained efter Lord Robert's raidin. Ah set aw the forests ablaze wi fires that burnt sae fierce that trees wid nivir again grow on that treacherous island. Burnt it richt doon til the bare rock, ah did. Chust fer badness.

Wance back in Gairsay wi ma new wife an faimly, an contrary til ma usual custom, ah didna gang straight til Earl Rognvald tae report oan ma expedition. This greatly puzzled the Earl – but Thorbjorn Klerk provided him wi part o the answer. He hed killed twa o ma men fa hed been involved in the raid oan Frakkok. The owld bitch wis 'is maternal granmither, an she hed raised him oan her Sutherland estate. Ah wis furious wi this; an it took the Earl's intervention tae reconcile us twa chieftains. Rognvald said he didna need us at loggerheids. Fair doos.

But ah must hiv been gettin saft in the heid, fer the main reason ah went straight til Gairsay wis that ah wanted tae mak Ingirid happy in her new surroondins. Ah'm no sayin that ah loved the lass, but ah wis very fond o her, ken? As compensation fer failin tae get ma haunds oan her man's killer, ah gied her a free haund tae mak improvements aroon the hamestead. Gie her 'er due, the only thing she asked fer wis a new bed, when she saw the state mine's wis in!

We ended up wi a cracker o wan – high an thickly timbered, it wid tak anythin ah thrust doon oan it, she said. An she covered it wi skin rugs an bolsters an things, an ordered the servants tae get a stack o goose feathers tae mak a mattress wi – luxuries ah hed nivir thocht o, accustomed as ah wis til sleepin rough oan boats. She even ordered metal pans tae be made by ma smiddy fer haudin hot coals tae warm wir taes wi in the winter! An, by Christ, it wis beeg enough fer three or fower o us; no that she'd allow anythin lek that. Nae worries. Ah could ayeweys get plenty o hoors oan ma travels fer that kind o malarkey. She hed nae complaints aboot the rest o the hoose, as ah hed re-built it weel. Ah only used thick trunks wi nae flaws in the wood, which ah bocht fae Norway, an ah hed made a grand roof wi local saplins, birch bark an turves. Ma pride an joy wis ma grand fire-place, wi slide-boards in the roof tae let the reek oot, an wi waals made wi lichen-covered stanes ah hed foond an carted back fae the cliffs masel.

The *kvinne* settled in fine, an soon gade me a splendid bairn. We caa'd him Andres, in memory o her former husban. Efter the priests hed blessed him, ah pit 'is lips til the tip o ma sword, dipped in flour an salt, tae gie him courage an weapon-luck. As soon as he wis fit fer solids, we fed him porridge wi butter, honey an salt. He'd grow up a fine bikie.

BAD BLOOD

When news cam til me that Holdbodi hed returned til the Hebrides, ah made ma mind up tae sort him oot wance an fer aw. Ah assembled a fleet o five ships – again wi Earl Rognvald's help – an pit experienced commanders in charge o each wan: Thorbjorn Klerk, Haflidi, Dufniall an Richard Thorleifarsson, in addition tae masel. But, wance mair, Holdbodi eluded me an fled sooth. Ma heavily-airmed men didna hiv til be telt twice tae clean oot the undefended islands an settlements. But at least the treacherous bastard nivir set foot in the Hebrides again.

Ah wanted tae spend the winter in the Hebrides, but ah wis o'er-ruled by the ither commanders; so we returned til Duncansby. No fer the furst time, ah insisted oan the chief share o the booty oan the groonds that ah wis the commander-in-chief. It hed been ma expedition, agin ma enemy. The ithers disagreed. Thorbjorn Klerk tried tae argue that he wis chust as much a leader as ah wis. Fuckin joke! Then the ither captains started chippin in wi thir opinions – but they submitted quickly when they realised they wis completely ootnumbered by aw ma men fae Duncansby, fa hed been comin til ma aid fae aw directions while negotiations wis goin oan.

Oan 'is return til Orkney, Thorbjorn Klerk sought redress fae the Earl. But Rognvald telt him that the day wid come when ah wid pey fer ma inchustice; an no tae mak a fuss or mak demands oan me ower this. Raither than bring me til heel fer cheatin the ithers, an makin an enemy o me, Rognvald paid the ither commanders aff wi 'is ain siller. Thorbjorn accepted the Earl's generosity an sense o honner, but broke 'is freenship wi me. He promised tae find some wey tae humiliate me. He did this immediately by divorcin Ingigerd, ma sister, an packin her back til me in Caithness. This insult made him ma bitter enemy fae that day onwards.

MARGAD AN HROALD

Aw the time ah'd been in the Hebrides, trouble wis brewin in Caithness. Ah hed left ma close freen, Margad Grimsson, in charge o aw ma estates in the coonty; an, aff ma ain bat, ah hiv tae admit, ah hed made him Deputy o all o Caithness – a post held directly by me fae Earl Rognvald, an no strictly wi'in ma churisdiction til dispense, so tae speak.

Caithness wis a rich coonty wi land-taxes, herrin-taxes, harbour-dues, pilotin- fees, tradin-tolls an so oan. Margad wis ruthless in extractin those taxes, an violent in 'is pursuit o defaulters, fa wis severely punished. Wan o the chief landholders in Wick wis Hroald – a man previously honered by hostin Earl Rognvald, an fa's son, Svein, hed been tooken intil service by the Earl as 'is cup-bearer. It wis til him that many complainants took thir grievances, knowin that he hed the ear o the great Earl. Margad goat fed up wi aw this tittle-tattlin an took a *turry-murray* wan day. He set oot fer Wick wi twenty o 'is men. At the small, sandy beachfront near the mooth o the river, Margad an 'is men spent a few oors in the ale-hoose kent locally as the Camps, whaar aw the seafarers an cinder-biters hung oot. They resisted the hoors, which wisna a great hardship; an the local drunks an sycophants kept weel oot o thir wey, wi Margad's reputation fer serious violence. They hed a contact fer magic mushrooms, tho; an wee Murklie telt them that Hroald hed done guid business wi merchantmen fae Moray the previous day, tradin cattle an skins fer cloth. He wis noo oan 'is fermstead wi 'is henchmen further up the Wick river, spaced oot oan some guid gear that Murklie hed supplied. He wis an easy target fer Margad.

When Hroald, fa'd been drinkin hard as weel as hallucinatin, heard Margad an 'is men, he hed the sense tae bolt the door. Beeg 'Ganger' – he wis caa'd this because he wis too beeg an heavy for ony horse til kerry, so he hed til gang oan foot - wan o Margad's men, tore a hole in the door wi 'is huge axe; while ither men wir climbin oan the roof tae get entry that wey. Hroald struck through the hole wi 'is halberd an smacked Ganger oan the heid. 'Is metal helmet took the main force o the blow – but the point o the halberd went through intil 'is foreheid an inflicted a terrible wound. The beeg bugger wisna felled, but chust shook 'is heid an said, "In all truth, lads, thir's certainly someone at hame, all right" – or words til that effect, aye, right. Thorstein the Black, fa wis right ahent Ganger, grabbed the shaft o the halberd tae pull Hroald oot, but the fat bastard got stuck in the hole in the door, makin himsel a perfect target fer Margad til get the death-wound in wi 'is spear. By this time, the thatch hed been breeched, an Margad's men cam through the roof. In aw, they killed a dozen o Hroald's retainers, forbye himsel, afore settin back til Duncansby.

Margad wis quite open aboot 'is conduct, an made nae excuses fer himsel when ah returned fae Lewis. He hed dain only whit ah hed expected o him; but 'is enemies wid be oot fer revenge, no til mention blood-money.

Margad an masel decided tae hole up in Lambaborg wi sixty o ma men. We terrorised the surroondin countryside fae there, apart fae ma ain tenants an kinsfowk. We hoarded a great deal o booty ower the summer.

LAMBABORG CASTLE

Efter the raid oan Frakkok an Olvir, ah hed spent a lot o time fortifyin the entrance, an extendin the ootbuildins, o Lambaborg castle. It's oan the Caithness coast, atween Freswick an Auckengill. Ma holdins in the Duncansby area wis extensive – but aw open til attack, an no easy tae defend, due til the flatness o the land. Lambaborg wis somethin different.

LAMBABORG CASTLE

Situated oan a small heidland - chust barely attached til the mainland by a strip o land nae mair than the width o a man, wi hunner-feet sheer drops til the sea oan aw sides – it wis near impossible til attack. We spent the summer raisin a large defensive mound, an cuttin a wide ditch oan the landward approach. We bridged this wi a massive widden drawbridge, an strengthened the entrance, which wis noo ower three metres above groond level, wi a stout portcullis. The livin quarters fer ma retinue an servants wis extended; a beeger bakery, an storehooses fer grain an ither produce, wis built; we dug cisterns fer holdin drinkin watter; we enlarged workshops fer chinery an smithery; an ah built a new, solid bath-hoose fae best pine brocht in fae Finland. Nor did ah owerlook tae reinforce the brew-hoose agin possible fire-arrow attack. Ah layed in a guid supply o strong ale an fortified mead, chust in case. The landward waals, which rose seamlessly fae the cliffs, wis thickened wi easily-cut sandstane fae the ancient cliffs nearby. Gairsay in Orkney wid ayeweys be ma main centre o activities an feasts – but Lambaborg noo gade me a totally secure base fer operations oan the mainland o Scotland, an the ability tae see oot a lang siege if the need ever arose.

As it happened, ah didna hiv tae wait lang.

SIEGE AN ESCAPE

Aw o Margad's misdealins wis reported back til Earl Rognvald, acourse; an Svein Hroaldsson wis supported in 'is call fer swift redress tae avenge 'is faither's death. Three o the chieftains fa held a grievance towards me ower the booty fae the Hebrides – Thorbjorn Klerk, Haflidi Thorkelsson an Dufniall Havardsson – all rallied roond the young Cup-Bearer til see that chustice wid be dain.

Rognvald coodna ignore such complaints, an took time oot fae oerseein the buildin o the great cathedral in Kirkwall. He landed at Duncansby wi the aggrieved chieftains, an a strong fechtin force, an proceeded directly tae lay siege oan us in Lambaborg.

They guttered aboot oan the cliffs an fields aw roond the castle, keepin weel oota range o wir arrows. Thir wis no wey they could attack us; an they didna hiv ony siege weapons til demolish wir waals or entrance. Aw they could dae wis camp oot an try til starve us oot. Yon ponce, Thorbjorn Klerk, wis prancin aw ower the place, shoutin orders an cosyin up til the Earl.

Efter a while, when Rognvald asked me tae surrender Margad til him, ah refused tae haund him ower, as Rognvald refused tae guarantee clemency fer him.

- It is ma wish tae be at peice wi ye, ma Lord Rognvald, ah bellowed across the divide.

- The devil he does! Dinna listen til the traitor, ma Lord, shouted Thorbjorn. Efter plunderin yer land, an thievin the highweys, he wid noo be at peice wi ye? He has made a bad return til ye fer aw the honour ye hiv dain him. It's aw the dowg's capable o.

- Naebody will pey oany heed til yer words, Thorbjorn Klerk! ma deep bass thundered above the swell o the surf. An ah'll warrant that ye'll repay ma Lord much worse than ah hiv in the future. Naebody will gain guid fortune fae any dealins wi ye, ya twa-faced bugger. Watch yer back fae him, ma Lord.

- Will ye gie me Margad, Svein? the Earl asked fer the last time.

-Ah hivna the heart, ma Lord, tae deliver him intil the haunds o so many enemies.

-Then ye wid defy me, Asleifsson?

- Ah'd gladly be reconciled til ye, ma Lord – but ah hiv nae ither course open til me in this instance.

Rognvald kent that Lambaborg wis invincible. Efter a hauf-heartit, token attack, the Earl's force settled doon alang the clifftop tae starve us oot. The castle wis weel-provisioned fer wir sixty men. Its bakeries wis workin weel, an its cellars wis fuhl o dried an salted meat an fish. Its ale barrels hed recently been tapped up, as ah said. But we ran oot o fresh watter efter only aboot a week or so.

-We're weel an truly fucked, Margad!

- Looks lek it, Svein, ma man. Guess ah've got it comin anyweys.

- Hey, pal, we've all got it comin, includin that fat-ersed Klerk. Still hivnae fergot whit he done til ma sister!

- Best is fur me chust til gee masel in. Thir's nae wey we can haud oot here; an thir's nae wey we can expect oor men tae starve til death oan ma pairt.

- No sae hasty, ma man! Ah've got a wee plan! It's only me an ye the Earl wants, right? The ithers will get quarter efter we've gone.

- Gone? Gone whaar? Ye think wir a couple o skorries that kin chust fly aff? Thir's nae wey oota here.

- Listen up, ya beeg daft puddin! Mind yon story the priest telt us aboot Saint Paul escapin fae the Jews at Damascus?

- Whit ye oan aboot, Man? Ah wis nivir in the priest-school. An am surprised ye remember onythin. Ye wis only there wance or twice as ah remember.

Ah hed til spell oot the detail fer the dozy beeg bugger.

- Thank fuck it's fowgy, beeg man! ah whispered til Margad, as we gently abseiled doon the thirty-metre cliff intil the cauld watters o the North Sea efter it wis dark. The strong, walrus-hide ropes ah hed bocht fae Huckster hed come in handy in a wey nane o us could hiv foreseen.

In fact, it wisna really fowg – chust the normal haar that rolled intil the land efter a couple o days' warm wether oan this part o the east coast. But it wis a blessin fae the owld gods oan this occasion, even tho we hed often cursed it in the past. Chances are the twa o us widnae hiv been noticed in ony case as we slipped intil the sea oan the far-aff blin side o the besiegers. Even in summer the sea here wis cauld enough tae mak wir baals disappear. We hed smeared wir bodies in seal-fat, an rolled wir claes inside sealskin flotation booeys, no really knowin how lang we wid be in the watter fer. The currents aroond Lambaborg could be ferocious an unpredictable – but this nicht the sea wis moderately calm, though a fair swell wis runnin. The *moder-sook,* which hed brocht us safely til shore oan many a murky day, made wir swim an easier wan than it micht hiv been. Hed an *oot-sook* been runnin, it micht hiv been a different story, an dragged us aw the wey oot til Trondheim. The favourable tidal drag wis workin its wey doon sooth fae the Pentland an roond the Duncansby heidland. It deposited us oan wan o the gently slopin shelves o rock, near Aukengill. The area wis known locally as the *'Trinkie'*, an wis a favrite summer bathin place fer the kids o the settlements roon aboot. This wis in the heart o wir territory.

We fair louped ooto the watter, an chittered wir wey intil wir claes. It only took meenits tae find the furst steadin. We wis welcomed wi a large horn o mulled ale an some *reested* mutton, an quickly warmed up in the heat o the bath-hoose. It wisna unknown fer cauld fishermen rescued fae the sea til be warmed up wi twa fat wifies; but oan this occasion we settled fer the sauna. Wir host, a simple tenant-fermer o mine, surprised us in the sauna wi peedie cups twited oot o soapstane, brimfuhl o *akvavit.* The cups steyed cool in the heat. Ah made a note tae hiv some made when ah got back til Gairsay.

Twa oors later, we wis safely oan wir wey inland an sooth oan sturdy Icelandic ponies, weel-suited til the rough terrain we wid hiv tae cross. Thir *clubber bags* wis filled wi supplies fer several days.

As we hed agreed, twa days later ma wife, Ingirid, announced that the besieged garrison wid surrender. As they aw trooped oot ower the drawbridge, Thorbjorn Klerk coodna contain himsel when me an Margad wisna amang those fa pit thirselves at Rognvald's mercy.

- Bastards! How'd they get awey?

Earl Rognvald coodna hide 'is mirth at Thorbjorn's ootburst, an at ma audacity, Ingirid telt me later.

- It's a fact, thir's naebody quite lek Svein Asleifsson – at least no amang any wir lekly tae find here wi us - he directed this latter barb at Klerk. A trick lek that shows a strong, brave heart. Ye people may hiv got yerselves involved in this trouble wi Asleifsson, but ah'm no goin tae treat ye badly. Ye are all free tae gang in peice.

Quietly, he muttered, 'Good oan ye, Svein, ma man!' til himsel, in admiration o the feat ah hed chust pulled aff under 'is verra nose.

Despite Earl Rognvald's condonin o ma boldness, he sent Thorbjorn Klerk efter me wi forty men, kennin fine weel that they wis oan a wild-goose chase. Findin nae trace o me, Klerk attacked an killed Valthjof, 'is faither's killer, an thirty o 'is men. He returned til Orkney wi sizable booty, all o which he made a great show o sharin evenly wi 'is chieftains, tae prove that he wis a better man than me.

Ah, meanwhile, wis aff oan anither adventure o ma ain.

THE ISLE O MAY

Hed Thorbjorn Klerk thocht tae look fer me in Duffus he widna hiv been disappointed. No fer the furst or last time, ah went there fer several days drinkin an hoorrin wi Margad. Ah reminded a couple o quines there o chust whit they hed been missin. Each o them sported a pair o the red silk drawers that ah gied til aw ma conquests – made fae material ah hed plundered fae some Moors oan an earlier vikin til the Bay o Biscay. Ma supplies o the rare material wis severely depleted, an ah wis facin the prospect o either mendin ma weys wi the weemin, or goin aff in search o mair Moorish silk. Nae contest! Ah could feel anither raid comin oan!

Wan nicht in the ale-hoose at the harbour, a group o men fae the Shetlands cam in an started doonin tankards o ale lek they hed nivir seen it fer years. Me an Margad choined them, an soon foond oot they wis genuine traders under the command o twa merchantmen caa'd Hallvard an Thorkel. Ah met up wi them the followin day; an foond oot that they wis twa oarsmen short, twa o thir crew havin jumped ship in Tain oan thir wey sooth. By a total coincidence, wan hed been a larboard oarsman an wan a starboard. When the merchants saw ma bulgin left foreairm, an Margad's almost as impressive right wan, they hed nae hesitation in offerin us places oan thir barge. We kept wir identities secret at furst, fearful o bein betrayed. We wis delighted til tak wir places oan board. Despite wir high status as captains, neither o us wis feart o a guid shift at the oars. An we could baith choin in lustily wi the sea-shanties the men sang tae maintain thir rhythm, an mak heidwey intil the freshenin sooth-easterly winds. An we could curse the sons-a-hoors an donkey-fuckers o stormy waves when they threatened us as weel as onyone could.

Approachin the Isle o May in the Forth estuary, the stiff soo'easterly wis brewin intil wan helluva gale. The island wis chust a ghostly ootline through the mist an the smirr til the skipper an the lookoots; but we could aw hear the dingin o the bells fae the monastic settlement oan the Isle.

- Could dae worse, Hallvard, than ride oot the storm there.

- Thinkin the same masel, Thorkel. Whit div ye think, lads? noo that he kent fa me an Margad wis.

- Nae sae sure, Skipper, Margad chipped in. Ah'd raither we pit in somewhaar we could get a guid shag as weel.

- Yer a right bugger fur yer hole, Margad! Did ye no get enough in Duffus?

- Nivir get enough o that, Svein. Ye should ken that fine. Twis ye that telt me the only wey tae gang til sea wis wi a bellyful o ale an a steamin cock!

- Did ah say that? Weel, weel! Ah remember a drunk tellin me that doon at the Camps in Wick years ago. Ah kin vouch fer 'is bellyful o ale, but 'is cock seemed normal enough when he whanged it oan the table tae prove 'is point. Anywaysorno, fa's tae say ye woudna get a guid ride fae the monks? Some bonnie, weel-fed buttocks there, if thir onythin lek the ither fat parasites in monasteries ah've come across in ma time.

- Awa wi ye, man! Ah'd raither shag a goat!

- A goat? Listen til him, lads! Ah thocht sheep wir mair yer style, Margad. Aafuhl smell fae that goats.

- No the kelp-fed wans, Svein! Tak ma word fer it.

- Too fuckin right ah'll tak yer word fer it. Let's chust settle fer thir fine mead an ale, an see whit's in thir food-stores. Them monks live aff the fat o the land.

- Glad ye've settled that, then, boyags! Soon be past the fuckin place if ye hedna made yer minds up.

Hallvard turned the tiller-oar til mak a landfaal.

- Dinna fancy yers, Svein!

- The monk or the goat, Margad?

- The monk. No ma type. Bonnie wee goat, tho. Tight wee arse oan it.

- Shut the fuck, man. Sup yer ale an show some respect fer wir hosts!

- Respect? That fat bastards? No fuckin wey! Them bishops an shaven-heids tellin us aboot the poor Christ an tae be lek him, while that tonsured tossers here, an in every monk-hoose in the land, are livin better than chieftains? Awa wi ye, boy.

- Aye, yer right, Margad. But many's a time the Bishops hiv dain us a guid turn up in Orkney. Bishop William especially.

- Ach, Svein, yer gettin saft, man. He wis only evir in it fer himsel. Power games an influence ower things, that's aw them fuckers are interested in.

- Aye. An land. An tithes. An fancy palaces.

- But at least they leave the lassikies til us. At least maist o them dae; tho a ken a couple o quines fa hiv been bairned by them ower in Birsay.

- Ah'll tak the girlies an leave the peedie boyags til them, thank ye very much, Margad. An ah'll leave the goats til ye.

-Right enough, Svein. Bonnie tight wee arse oan that wan tethered by the fire!

The storm raged fer nigh oan seeven days - a real belter. Wir crew wis confined til the island an the monastery. The mair we depleted the ale-hoose an the larder, an sang an joked amang wirsels as the monks went aboot thir vespers, the more suspicious the abbot, fa's name wis Baldvini, ah think, became. The story ah hed spun aboot bein oan a mission fae Earl Rognvald til King David o the Scots didna fool abody fer lang. Monks wis secretly dispatched til the mainland durin the furst lull in the storm tae obtain help tae defend the monastery agin whit, by this time the abbot wis certain, wis a bunch o Vikin pirates intent oan lootin 'is monastery. We could've used the same windae in the wether til sail awa – but the livin wis easy, an thir wis food an ale enough fer weeks. Wance it wis clear that we hed been sussed oot, we said, fit the hell, an did chust that; tho we spared the monks. Til begin wi, the Shetland men wis reluctant tae plunder a monastery an bring doon the wrath o the bishops when word got back up north; but when they saw the easy pickins tae be hed they gladly topped up thir tradin barge afore we went wir ain weys.

AT THE SCOTTISH COORT

Ah hedna entirely lied til the monks. Ah wis oan ma wey til Edinburgh an the coort o King David; but oan ma ain behalf, no Earl Rognvald's. Ah used tae love veesitin the King. He wis fuhl o new ideas aboot athing. Nae matter hoo much he tried tae explain it til me, ah really didna ken much aboot the new political systems he wis introducin fae the Anglo-Normans til reform central an local government in Scotland. But 'is ideas aboot fit they caalt 'feudalism' – a system whaar land an services an jurisdiction wis aw tied up – made a lot o sense, ah thocht. It must hiv been hard fer him, surroonded by advisors an eedjits wi aw thir different opinions. We hiv an owld sayin aboot this – "let the shrewdest decide, because the coonsel o fools is aw the mair dangerous the mair o them thir are". Ah think King David kent this fine. He hed been aroond a lot, livin in England, an wi loads o contacts wi the French Normans, fa, as ye ken, wir Vikins lek masel. Wan o the French thingies he hed brocht in wis the travellin knights, wi thir armour an beeg lances an fechtin-games – choustin, ah think they caalt it. Ah loved watchin it, but ah wisna enuf o a horseman tae try til choin in! Chust as weel, ah think!

Such wis ma stature that ah wis weel received by the Scottish King. He hed even sent emissaries oot tae recompense aw fa hed been robbed by me, nae questions asked. But afore that, thir wis feastin tae be dain; an the King's skald, fa wis hauf Scots an hauf Frank, efter hearin o wir exploits, composed a praise-poem in the new fashion o the French troobadoors, as they caalt em. It wis verra, verra different fae the traditional Nordic poems, so Earl

Rognvald, no mean poet himsel, telt me later, efter ma ain skald, Beeg Avid, hed learnt it:

'In Lambaborg did michty Svein, 'is noble Lord defy –

Tae sacrifice 'is freend, Margad? T'wis better baith tae die!

'In baskets bound by walrus strong, The pair wis lowered doon

Those michty cliffs, by luck fog-bound; Tae swim, perchance tae droon.

'The wind an tide did favour Svein; The nicht wis dark an inky;

Wi strokes sae strong an baws sae cauld, They made it til the *Trinkie*.

'The otter skins hed dain thir trick – Breeks an shirts bain-dry,

An swiftly donned. Aw through the nicht , They walked 'til dawn wis nigh.

'Fur twa mair days thir men held oot, 'Til distance wis atween;

Earl Rognvald an Turd-bjorn Klerk, Could only vent thir spleen.

'Sae til the monks oan Isle o May, The Orkney men did come;

Svein set 'is een oan goblets gold – But Margad spied a bum!

'Alas, 'twis nae a tonsured erse, That sober he'd remember –

A comely mickle female goat, Hed roused 'is flamin member!

'But Svein forbade him – "Haud yer haund! Noo there's a guid idea! –

Gang spill yer seed, wi strong spear-haund, Then hiv anither beer."

'An so, Ma Lord, an men sae wise, Ah gie ye Vikins bold:

Thir exploits, stories, memories, Will comfort gie when auld!'

- Gavainne! roared the King – fa's sides wis splittin - Until ye drink frae the largest horn at the banquet o the gods, content yersel wi this siller cup o mine!

-Ye see, Svein, continued the King, This is why ah value ma poet above a' ma other retainers.

Ah widna quite say that masel. As a fechtin man, ah'd pit mair value oan a guid forecastle man ony day. Aw the same, ah think ah'd fancy ma ain skald ower King David's in a flytin contest atween the twa bards. It maks grand entertainment listenin til twa guid skalds goin at each ither in verse.

Efter a few days o feastin an story-tellin, ah wis invited tae bring ma wife doon fae Orkney tae settle in the Lowlands. We wis promised every honner we could ask fer.

- Say what ye would have, Asleifsson! It shall be granted.

- Ma Lord the King is ower generous. But ah widna encumber ye wi ma weemin-fowk in addition til yer ain. The only thing worse than too few weemin is too many, ma Lord!

- Ah would like ye at ma side, Asleifsson. Ye'd be among the highest o ma counsellors, an would have a lastin position under ma protection.

- Ah wid be greatly pleased, ma Lord; but it wid anger many o yer high an michty. Ah've been watchin them wi thir airs an graces an fancy accents an fashions. An ah've seen the wey they sneer at me an ma uncooth weys ahent yer back. Ah widna fit in wi that wans an thir wey o life. Ah hiv nae doots, ma Lord, aboot yir intentions an protection efter ah swore fealty til ye; but ah'd raither hae a brief honour from ye than a lastin shame at ithers' haunds.

- An what would ye have in mind, Asleifsson?

- If it pleased ye, ma Lord, ah wid hiv ye intercede oan ma behalf wi Earl Rognvald, that we micht be reconciled, an that Margad micht remain at ma side.

- So ye value only what the Earl would give ye, an ye spurn ma offers?

- Nae; nae, Ma Lord. It's nae sma thing ah ask o ye. Ah fear not Earl Rognvald, but ah wid raither live in peice wi him than be at war. Yer freendship an guid disposition ah wid nivir pit in jeopardy.

-Well spoken, Asleifsson! Ah would always do anythin to prevent a breach between two parties. Ma faither used to say that whole flesh is easier to dress than wounds. Yer Earl Rognvald will not refuse ma entreaties, ah'll warrant!!

The King wis right. Rognvald accepted baith the presents King David hed sent, an 'is request made oan ma behauf. He becam fully reconciled wi me, an returned aw ma confiscated estates in Caithness an Orkney. But Rognvald wis soon tae get caught up in a grand scheme fer a crusade agin the heathens in the East, where he wis tae sweet talk queens wi 'is siller-moothed poems, and fecht a *dromond* as beeg as an island.

Margad, hooever, thocht it prudent til bide oan at the coort o King David in Edinburgh fer the foreseeable future. He didna think Earl Rognvald wid pardon him as easily as he'd forgie me. An he fancied a bit mair fechtin, an maybes even choustin, at the side o the Scottish King. An nae doot he'd try tae perfect 'is technique usin antler tooth-picks, the latest fad fae Normandy. Ah hope the teuchter kens til pit 'is haund ower 'is mooth!

THE HOLY LAND

Earl Rognvald hed been invited ower til Norway by King Ingi, the son o Harald Gilli. Rognvald an Ingi's faither hed been close freens fer years; and Rognvald wis respected by the leadin faimlies in Norway, fa seen him as a powerful ally, an as an insurance agin feudin by Ingi an 'is brithers. Rognvald hed tooken the young Earl Harald wi him. Harald wis only nineteen at the time; and Rognvald wis mindfuhl o 'is ain adventures abroad at the same age, an wanted tae show the youngster a guid time. Efter they landed at Bergen they got a great reception, an spent the haill summer feastin an hoorin.

When Eindridi the Young arrived back fae Constantinople, he wis fuhl o stories, an hed nae bother persuadin Earl Rognvald tae lead 'is ain expedition til the Holy Land. Rognvald wid mix in the highest society, an wid hae 'is reputation greatly enhanced, he wis assured. If he agreed tae tak the lead, many o the maist influential landholders swore tae choin him.

Naturally, such an expedition took time tae plan. It wis agreed that Rognvald's ship wid be the beegest, an the only wan tae be gilded an painted. A chiel caa'd Jon Foot wis tae build it fer him. While 'is new ship wis bein built in Norway, an splendidly fitted oot wi fine carvins an gold inlays, the Earl returned til Caithness tae persuade Bishop William tae accompany him, no chust as 'is interpreter, but also tae captain wan o the langships, as a real sodjer o Christ.

Eventually, the fleet wis ready in Norway. Rognvald's ship wis truly magnificent. It wis carved an inlaid wi gold oan prow an stern an wind vanes; an it hed thirty-five rowin benches. But, when the day cam tae leave Bergen harber, thir wisna muckle wind, an Rognvald's ship wis makin slow progress oan the oars. The ither ships steyed respectfully ahent him – but, when the wind picked up, Eindridi cam fae naewhere, fleein past a'body, includin the Earl, in a ship that wis even beeger an mair ornamented than the Earl's. Rognvald remarked that 'is luck michtna keep up wi 'is arrogance. Sure tae fuck, the chancer goat shipwrecked an smashed intil kindlin, wi the loss o aw 'is cargo, in Shetland. Ye could hear aw the shouts o *skol* aw roond the fleet when news cam in. He hed tae send back til Norway fer anither ship tae be built.

ARNI PIN-LEG

A number o Norwegians hed cam back til Orkney wi Rognvald. Some steyed wi the Earl, some lodged wi fermers, an some steyed at thir ain expense. But afore lang thir wis trouble an bad feelin atween the Norwegians an the Orcadians ower trade, but maistly ower weemin – fuelled by drinkin an brawlin in the ale-hooses an hoor-hooses, o which thir wis plenty.

Wan o Eindridi's crew, shipwrecked wi him in Shetland oan the wey across til the Orkneys, wis cried Arni Pin-Leg. He, an nine o 'is mates, made it sooth til Orkney in a peedie boat. They steyed oan wan o the smaa islands that wis part o ma estates fer the winter. They bocht some malt an animals fer slaughterin – but refused payment til the fermer, a chiel caa'd Einar Wry-Mooth, fa happend til be wan o ma tenants. The second time the fermer asked fer payment, Arni – a squat, strong bully o a man – smacked him oan the heid wi the back o 'is axe an sent him packin.

- Noo gang an tell that champion o yers yer ayeweys threatenin me wi! Let him pit things til right fer ye if he dares!!

Ma tenant did as he'd been telt, an reported back til me; but ah made nae promises aboot gettin him a fair deal.

Wan day the followin spring ah wis oot wi three o ma men collectin rents, movin aboot the wee islands in a peerie faerin. Ah wis lucky that a lot o ma land wis oan islands. Ma faither hed been astute aboot collectin bits o land whenivir he could oan the peedie islands. Thir often wisna much value in the fermin oan them, tho faither ayeweys said "it wis a hard hillock that ye couldna mak a scrapin aff" – but they aw kerried driftage-rights, which wis important gi'en the puir quality o the dwarf birch trees an scrub oan wir islands; an they kerried share-rights if ever a whale wis stranded; and they aw hed salmon-fishin an seal-huntin rights tae. When we cam til the wan Arni wis oan, ma men hed an inklin o whit wis comin, an expected me tae find a *neest* an leave the boat safely there so's they could choin in the action.

- Naw, lads. It's low tide, an ye'd get yer boots weet. Chust wan o ye act as *annos-man* an keep her in position agin the tide wi yer oars. Dinna groond her, mind. This'll no tak lang.

Ah set aff masel, wi only a smaa hand-axe, an crossed the machair til the steadin. Ah breenged in oan Arni an fower o 'is hingers-oan, seated roon a table wi ale-tankards. They wis surprised tae see me oan malone; but wis sae fuckin cocky that they didna go fer thir weapons. Beeg mistake. Ah kent ah hed goat a whiff o the magic mushrooms as weel as the ale.

- Whaar's yer manners, man, enterin unbid?

- Ah dinna hiv tae ask permission til enter ma ain property.

- An fa wid ye be, then?

- Asleifsson. An ye'll be that wee Pin-Leg cunt that disna settle 'is debts, ah tak it?

Haunds began lookin fer weapons; but Arni chust sat there grinnin at 'is men, fa wisna as spaced oot as he wis.

- Ah'll settle when ah feel lek it. Fit's the hurry?

- Why no settle the noo, as a faver til me, ken?

- A faver til ye? Ah've nae reason tae dae that. But maybes ah'll piss oan ye an mak ye smell lek a man!

He didna get hauf oota 'is seat.

- Maybes this'll gie ye a reason, then!

Ah drove ma axe sae deep intil Pin-Leg's heid that it lodged in right up til the haundle, makin me lose ma grip wi aw the goo that shot oot o 'is skull. Ah swung roond an felled the furst wan fa cam at me wi a michty upward chop til 'is nose, breakin it, an drivin the bone up intil 'is brain, afore runnin oot the door. Wan o ma pursuers caught up wi me oan the mud-flat an tried tae grapple me til the groond; but the *brozie* bugger wis nae match fer the knot-liftin champion o the Isle o Man, wi ma low centre o gravity, oan the slithery mud. Ah threw a mass o tangle-stems an a *brook* o seaweed an mud intil 'is face, an telt him he'd a'bin embracin seaweed in the bay if ah'd hed the time. Ah made it ontil the skiff afore the chiel could recover; an, by the time the ither twa hed caught up an threw thir spears, we wis oota range. Ah love this rent-collectin!

When ah reported aw this til Earl Rognvald, he offered settlement o'er the killin til a'body fa hed a revenge claim oan me oan accoont o Arni's death. It wisna the last payment Rognvald made that winter tae keep the peice. Thir wis nae love lost atween the Orkney men an the white settlers, as we christened them.

EARL ERLEND'S AMBITIONS

Earl Rognvald hed spent twa years preparin fer 'is expedition til the Holy Land; an he wis gone fae the Islands fer a further twa years wi 'is fleet o fifteen beeg ships. In spite o 'is pleas that a'body should gie Earl Harald 'is support, thir wis mayhem in 'is absence. The earls an chieftains schemed agin each ither, an made shiftin alliances in thir efforts til get wan up oan each ither. Needless tae say, ah wis right in the thick o it aw, an in ma element.

Erlend, son o Harald Smooth-Tongue - the wan that Frakkar, as we caa'd her, hed accidentally murdered in Orkney when he pit oan the poisined shirt meant fer 'is brither Paul - hed ambitions tae become an Earl in 'is ain right. He travelled til the coort o King Malcolm the Fowrth, David's grandson an successor, an asked fer the title o Earl, an a share o Caithness wi Earl Harald. He cited the precedent o 'is Faither havin obtained such title fae the owld King. His request wis granted, stokin up a bitter rivalry wi Earl Harald, fa quite rightly saw this as a threat til 'is ain powers.

Aw hell wis aboot tae break oot.

EARL HARALD INSULTED

Fer a few years Earl Harald hed been livin in Wick an administerin the coonty fae the magnificent castle he'd built at Owld Wick, oan a promontory very lek the wan ah'd built Lambaborg oan. His wis much beeger, mind, wi a huge room fer banquets an meetins oan the furst floor, wi a fireplace ye could roast an ox in; and wi ootbuildins tae accommodate a fair-sized airmy. It wis weel defended wi ditches an ramparts, but wi a broader access til it than mine. Ah wis based in Lambaborg Castle at the time, twa or three oors ride across moorland til the north, wi ma son Olaf by ma furst wife, Raghild. The boyag hed been named in honner o ma Faither.

Altho Harald's main power base wis in Orkney an Caithness, he also hed title til rich lands in Shetland. Produce an rents regularly travelled sooth til Caithness. Ah intercepted wan such shipment in the Pentland Firth while the crew wis concentratin oan keepin oot o the ragin Duncansby Bore. Ah dumped the crew ashore at Freswick, chust til the north o Lambaborg, an telt them tae start the lang trek intil Wick. Harald swore revenge fer this insult til 'is men an 'is power; but me an the lads laughed it aff.

MA BRITHER GUNNI

- That wis a fair haul we took the day, ah telt Asbjorn ower a few horns o ale.

- Aye it wis. Easy pickins, Svein. Them buggers wis knackered efter steyin oot o the Bores.

- Aye, they got careless. Should've kent better, the wey the tide wis flowin. Nivir even noticed us til we wis right oan tap o them.

- Earl Harald, mind, 'll be furious, Svein, an lookin til tak a torch til wir baws.

- Hiv til catch us furst, ma man. But he's even mair reason tae be wild at us noo.

- Whit d'ye mean 'mair reason', Svein? Surely til the wee baby Christ he disna ken aboot ye shaggin 'is mither? Fucksakes, man, he wis only three at the time!

- Maybes aye, maybes no, Asbjorn. Anywaysorno, ah widna pit it past yon bugger Thorbjorn Klerk tae hiv telt him. He's bound til hiv kent. Naw, ah dinna think it's that. Too lang in the past. It's mair lek whit ma brither Gunni's been up til.

- Gunni? How's he come intil it?

- He comes intil everythin, Asbjorn – includin Harald's mam, the beautiful Margaret! Dinna tell me ye hivna heard!?

- Heard whit?

- Gunni banged her an bairned her! Happened right efter she moved up til Orkney when her owld man died. She wis fuhl o airs an graces fae Atholl an the Scottish coort; but Gunni telt me he'd ride the high society oot o 'er. An by fuck he did! Harald's chust heard aboot it an ootlawed Gunni! Ah sent him til Lewis tae bide wi ma freen Ljotolf til things calm doon.

- Gunni ayeweys wis a grazer, right enough, Svein. Mind ye, nochin lek keepin it in the faimly, tho, eh? Asbjorn nudged me. Maybe she chust wanted tae see how ye shaped up til yer wee bro, ken?

- Watch it, pal! Gunni'll nivir fill ma boots. But, aye, nae loss whit a freen gets, as ye say.

- Ah'm yer freen! But ah'm the only wan that nivir got any!

- Yer time'll come, boyag. Especially noo that Gunni's oot the wey. Door's open fer ye. Nivir hiv a better chance than the noo. She's still teisty as fuck. Micht hae anither go mahsel, come tae think aboot it.

But in fact, neither Asbjorn nor ma guid self evir got the chance wi the merry widow. Anither Erlend – Erlend the Young – beat us til it, an abducted her aff til Mousa in Shetland. Lek many a Vikin afore him, the mysterious broch gied him shelter an protection enough tae withstaund a siege. Manys a group hed wintered there comin ower fae Norway til Iceland in the past. Young Erlend made 'is preparations weel; an, when Earl Harald besieged him there, he wis able tae haud him aff nae bother. He negotiated a reconciliation, an got Harald's consent tae marry 'is mither. Harald needed aw the allies he could muster. Every skittery coo leks a neebor, as they say!

AH PISS AFF HARALD AN ERLAND

Harald's feud wi me got a haill lot worse shortly efter this. When we wis takin the beeg cargo ship ah'd captured fae him in the Pentland back til Orkney, alang wi some peedie rowin skiffs, we seen anither ship belongin til wan o Earl Harald's men, Fogl Ljotolfsson, chust as we reached Scapa. It wis oan its wey back fae Lewis til Orkney, laden wi valuable cargo. Even tho Fogl's faither hed done me a guid turn wey back in Thursa when ah wis dealin wi Ottar, ah couldna resist such an easy target. We took it wi'oot a fecht. Then ah took Sigurd Klaufi, anither o Harald's retainers, by surprise, an made aff wi twelf oonces o 'is gold, which wis intended tae be peyed oot til men oan a nearby ferm. They widna be gettin the money that wis owed them noo! At least, no fae me, they widna. Ah returned wi this booty til the safe-keepin o Lambaborg.

Efter these escapades, ah went til Aberdeen tae meet Malcolm IV, fa wis oan an annual procession aroond 'is principal seats. Ah hed ayeweys enjoyed guid relations at the Scottish Coort; an ah got oan weel wi the young nine-year-owld King. Ah kent maist o 'is main men fae ma previous steys at the Coort in Edinburgh; an they kent me weel enough no til try tae tak the piss oota me. Malcolm an 'is advisers wis up til thir ears in sharn, mainly ower control o the Border territories o Cumbria, Huntingdon an Northumbria; but also wi Henry II o England, an wi many o 'is ain Scottish earls. His coonsellors advised him no tae say or dae onythin tae offend this michty man fae the North, as ah wis described! Assured o the King's continuin freenship, an guaranteed o ma revenues fae Caithness afore ma split wi Harald, ah returned til Orkney.

Unfortunately, ma actions in takin Fogl's ship at Scapa hed made ma split wi Earl Erlend worse than it wis. Although Fogl wis in Earl Harald's camp, he wis also related til Anakol, anither Hebridean Vikin o consequence, fa wis Earl Erlend's coonsellor! When ah returned til Orkney fae Aberdeen ah wis contacted by Anakol. Fogl wis bidin wi him, an wis lookin til him tae arrange compensation fer the loss o 'is ship. Anakol's go-atween wis a fermer caa'd Gauti frae Skeggbjarnarstead, near Deerness. We agreed oan a meetin at Sanday, whaar ah wis bound; an there we cam til an agreement which wis satisfactory til baith parties. Anakol then offered tae arrange a truce atween me an Erlend.

TRUCE WI ERLEND

Fer several days, me an Anakol lay aff Huip Ness oan the northern isle o Stronsay, waitin fer Erlend tae return fae 'is veesit til King Eystein o Norway. Anakol choined up wi Thorfinn Brusason, a fermer oan Stronsay fa hed married ma divorced sister, Ingigerd, efter Thorbjorn Klerk hed dumped her. Egither, we went til Erlend as soon as he got back, an hammered oot an agreement – but no afore a haill load o past differences hed been aired. Erlend wis sulky an moody an in a real *geip, nyatterin* oan aboot ma burnin o 'is great-aunt, Frakkar, fa hed brocht him up oan her estate in Sutherland. Christ, the Owld Harpy wis related til every chiel! Ah shudder tae think fit kinda twisted traits that incestuous lot will pass oan til future generations. Then he *railed* oan aboot the fact that ah hed no kept til ma deal wi Ottar tae help him tae become Earl. But, in the end, he accepted ma assurances fer the future; an he caved in when Anakol an Thorfinn took ma side, an threatened tae leave Orkney an Erlend til thir ain devises.

The news Erlend hed brocht back fae Norway wis highly faverable til him. King Eystein wanted tae curb Earl Harald's power in Orkney by passin 'is share o Orkney til Erlend. Nivir wan tae haud back fae action, ah persuaded Erlend til gang efter Harald immediately – wi ma help, acourse – tae press 'is claims. Ah kent fine weel that Harald widna gie in easily til this. Oan Michaelmas Day, we tracked him doon til Stromness, whaar he wis steyin oan 'is ship at Careston. When Harald saw wir langships bearin doon oan him, he immediately left 'is ship, an took refuge in a nearby stane keep. Wan o 'is men, Arni Hrafnsson, got isolated fae 'is mates an ran aff in the wrang direction. Ended up in Kirkwall. He got stuck in the door o the kirk wi 'is shield still oan 'is back, the daft dowg! Fair pit Thorgeir Amundason aff 'is confession! Anywayorno, Erlend an me launched a fierce attack oan the stronghold wi batterin rams, iron grapples, weapons an fire arrows; but Harald held oot. Casualties wis high oan baith sides, wi lots o wir men burned wi hot ile poured doon oan us as we tried til scale the waals. The attack wis caa'd aff as daylight faded, chust as we wis startin tae get the upper haund, an we hed tae retreat til wir ships fer the nicht. Ah left guards roond the keep; an we tented up the ships an lit wir lamps, no makin ony attempt til conceal wir presence.

The next day, a group o local freemen fermers worked oot a solution atween wir twa factions. Ah wis reluctant tae settle, as the battle hed clearly been goin in wir faver, an Harald hedna dared mak ony move oot the keep durin the nicht. Erlend, hooever, accepted whit he hed come fer – Harald's share o Orkney. It wis his show, so ah held ma haund. Oaths wis tooken an witnessed by many o the leadin Orkney fermers. Harald swore tae haund o'er, an nivir try tae re-claim, 'is Orkney possessions. Erlend, fer his pairt, swore tae return the portion previously ruled over by Earl Rognvald if an when he returned fae 'is Crusade. Erlend showed the letters fae King Eystein o Norway; an that sweyed the dooters. The boendr o the haill o Orkney promised allegiance til Erlend, an wid side wi him agin Rognvald if he tried tae owerthrow Erlend. Erlend wis quickly installed as Earl in Kirkwall afore thir wis ony time fer second thochts. The leadin men oan the Islands wis witness.

Harald left fer Caithness, soondly beaten. Fer the moment. Efter a whilies spent wi Erlend oan board wir ships, ah left fer Gairsay, afore the wether turned, fer ma annual Yuletide feastin. But ah warned Erlend tae be oan 'is constant guard agin a reprisal fae Harald an 'is Scots allies fae the sooth.

DREAMS AN GHOSTS

Weel intil the Yuletide drinkin ah felt in ma watters that Harald an the Scots wis oan thir wey til the Islands. Ah nivir said nochin til the lads aboot ma dream o veesitin the spey-wifie, an the warnin she gied me, because ah knew that they wid think ah hed lost it. We aw kent fine the owld stories fae the skalds and the elders aboot how warnins, an signs o death, often appeared in dreams; but it wis laughed aff as superstitions fer the main part. Tho this wee bit o doot kept hingin oan in there. But ah did raise the possibility o an attack fae Scotland – an, true til form, ma men scoffed at the idea, especially gien the fierce winter gales that wis blowin at the time. Ah respected thir opinion, an didna alert Erlend. But ma intuition hed been spot oan. Earl Harald, wi fower ships an ower a hunner warriors, hed lain under Graemsay fer twa nichts tae ride oot the storm; then landed at Hamna Voe, whaar they secured thir ships in safe neests, an left them weel guarded.

Oan thir march til Firth fae Hamna Voe, they got caught in a blindin snowstorm, an decided tae tak shelter in Maeshowe, an enormous, stane-built burial chamber or temple fae ancient times. It hed been there when wir forefaithers furst cam til the islands fae Norway. We wis still as afeart o it noo as they hed been back then. No even the priests wid gang inside. Harald's men, hooever, hed nae option. It wis either that or freeze til death oot in the open. The men hed tae crawl in by wey o a passage, lang enough fer seeven or eight o them at the same time, tae reach the high, domed, inner chamber. The only light cam fae a few torches, an as they flickered an flared the men couldna believe thir een. They couldna understaund how aw the stanes could stey in place, fer wan thing, as they curved gently in til the highest point o the dome. It wis lek bein inside a beeg stane beehive. With nochin else fer it, the men settled doon til some rest tae see oot the blizzard, fer the nicht if needs be. They immediately got doon til some serious drinkin tae owercome the eerie atmosphere. The place soon heated up wi the torches an aw the bodies huddled egethir.

- Whit the fuck's that noise? asked wan o the men fa hed been drinkin even heavier than the ithers.

- Thir's nae noise! Whit ye oan aboot, man.

- That fuckin noise! Can ye no hear it?

- Awa wi ye. Thir's nochin, ya fool.

- It's comin fae aw ower the place!

- Ah can hear it tae, anither chipped in. Thir's music! Drummin!!

- Ach yere fuhl the pair o ye. Shut the fuck up.

- Naw, man! It's comin fae inside ma heid noo! Ah can feel it wey doon inside! Comin up fae ma boots. Ma haill body's shooglin inside.

- Me as weel, the ither drunk cried. This place is fuckin haunted, ah tell ye!!

The twa madmen widna calm doon, even when Earl Harald himsel telt them. Finally, he lost 'is patience wi them, as ither men wis gettin jumpy, some even carvin runes intil the ancient stanes –

'Helgi wis here' an 'treasure lies til the north-west' - tae leave a trace in case they wis aw wiped oot by the evil spirits.

- Slit thir throats, an be dain wi them. Thir blood'll keep the peice wi the ghosts.

His closest retainers drew thir knives an did as the Earl hed bid. The rest o the men needed nae promptin when the Earl ordered the march tae resume a few oors later.

Harald's advance scouts soon cam back wi news that Earl Erlend wis steyin oan board 'is ship at Firth, but hed gade til a nearby hoose an got involved in an all-day drinkin session. But, by the time Harald got til the hoose, Erlend hed gade back oan board 'is ship. Harald killed twa o the occupants an took the ither fower prisner, includin the brither o Anakol. He kent that he hed noo lost the essential element o surprise tae attack Erlend, so he returned til Thursa wi Thorbjorn Klerk. He hed nochin much tae show fer 'is troubles, apart fae Arnfinn, the brither o Anakol, that he hed captured.

Harald arranged fer Arnfinn tae be tooken til Freswick by twa o 'is men - Benedikt an 'is brither, Eirik. He tried tae use Arnfinn tae barter 'is freedom agin the return o a ship that Erlend hed tooken fae him aff Cairston. Earl Erlend wis inclined tae mak the exchange; but Anakol said no tae bother, as 'is brither wid mak 'is ain escape ower the winter. In fact, Anakol, an 'is ally Thorstein Rognuson, sneaked ower til Freswick an captured Harald's man, Eirik in a darin raid! The twa prisners wis then exchanged.

When aw this comins an goins wis reported back til me, ah combined ma fleet wi Erlend's, an wintered wi him til spring an the new vikin season.

BERWICK

The followin spring me an Erlend decided oan some raids in the Moray Firth an doon the east coast o Scotland. Anakol an a few ither captains decided tae choin us. We hed only been moderately successful, so we decided tae keep oan goin doon til Berwick. Suddenly, wir booty-luck cheynged, an we ran intil a beeg barge, owned by a wealthy merchant fae Berwick, caa'd Knut. It wis oan its wey til Berwick wi a rich cargo fae the Low Countries. We grappled an boarded, an transferred the maist valuable guids til wir ships. Ah insisted oan takin the maist important treasure ontil ma ain ship – the beautiful wife o Knut, fa hed the bad luck tae hiv been oan board.

Knut, hearin o the capture o 'is wife, an surmisin her lekly fate, got fowerteen ships egether, an promised a hunner marks o siller til each man fa rescued 'is wife fae us pirates. The reward wis nivir collected. Somewhaar atween Berwick an the Fern Isles the poor wumin, released fae her shackles efter a score o rapes, managed tae haul hersel ower the side, afore she wis passed ontil the next ship, an slide beneath the cowld, grey North Sea waves tae end her torment.

We furst o all anchored in the shelter o the Isle o May; but, knowin that an attack fae the Berwick men wis imminent, ah warned the crews no tae sleep under thir awnins. In the cauld wind that wis blowin, Erlend's crew ignored ma warnins an hed huddled doon in thir reindeer-skin sleepin bags, some o them twa til a bag, an soon dotted aff til sleep. Noo, ah ken fit ye're aw thinkin! Twa til a bag?? Listen, sailors hiv ayeweys been lonely since the beginnin o time. 'Any port in a storm' covers aw kindsa ports an aw kindsa storms, ken fit ah mean? Ah tried it masel ain time, an, thinkin it wisna quite right, ah went til Bishop William fer advice. 'Son', he telt me, 'the Good Book says thir's nochin new under the sun. Nochin. So dinna worry yersel. An noo that ye've tried the real thing ye'll be leaving them weemin alane.' Naw, ah chust added that last bit masel, lek. But the Bishop kent fine whit sailors wis lek; an he kent fine fit went oan oan raids wi prisners. No tae mention fit went oan atween the monks in the monasteries. Fit some o the men got up til in thir ain bags wis thir business – an fit goes oan raids, steys oan raids, ken? Wir only problem wis that it wis considered shameful tae be oan the bottom, so tae speak. Lek, tae be underneath, ah mean. But in a sleepin bag ye hed tae dae it sideyweys oan; so honner wis preserved a' roond.

Anywaysorno, ah sat up aw nicht oan a kist oan the foredeck o ma ain ship, swaddled in a thick bearskin fur coat. When ah heard the watchmen oan the island arguin amang themsels, ah went ashore. Ah wis the furst tae see the Berwick ships, afore ony o the lookoots, an immediately roused Erlend's crew. Ma instinct wis all fer steyin an makin a fecht o it – but the ither captains argued that we wid be much safer tae pit oot til sea, as we wis vastly ootnumbered.

Efter a couple o days weel oot o sight, we wis sure that they hed gied up the chase. We heided back in til the Isle o May – but oan this occasion we left the monks in peice. Ah sent men til Edinburgh tae tell King Malcolm aboot wir exploits; but afore they could get intil the city they wis met by twelf o the King's ain men oan horseback, laden doon wi siller. A rumer hed reached the Coort that ah hed been tooken hostage by the men fae Berwick, an the King wis sendin 'is men tae ransom me, such wis 'is regard fer me. King Malcolm warmly welcomed the news that ah wis alive an weel, an sent me valuable presents an a braw shield. He wis openly gleeful at the thocht o the smug merchant bein humbled. 'Is only regret ower the abduction o Knut's wife wis that he hedna been at sea wi me tae tak advantage o her himsel. But he wis still a bit young fer that kind o thing. Ah didna get ma furst ride til ah wis ten.

FEUD WI EARL ROGNVALD

Earl Rognvald returned in glory fae Byzantium, via Norway, whaar he parted fae Erlin Wry-Neck, 'is drinkin pal an constant military adviser fer the previous twa years in the East. Earl Harald hed gaun tae brood in Norway efter 'is humiliation at the haunds o masel an Erlend. Shortly efter ah returned til Orkney in the autumn fae ma Berwick vikin, Earl Rognvald landed back in Orkney. He wis keen tae pit an end til the mayhem that hed reigned there in 'is absence. As 'is main fleet wis still in Norway, an widna return til Orkney til the followin spring, Rognvald hed nae alternative but tae agree a pact wi Erlend for them tae share Orkney atween themsels – as agreed in 'is absence – an jointly defend Orkney agin any future attack by Earl Harald.

The followin spring, ah went til Shetland wi Erlend tae check every ship returnin fae Norway fer signs o Earl Harald. Rognvald hed left 'is six ships in Thursa, an hed gade up til Sutherland fer the marriage o 'is dochter, Ingirid, til Eirik Stay-Brails, a kinsman o Earl Harald. Knowin that Harald hed kinsmen an allies in Thursa, he half expected Harald til show up there. In fact Harald heided straight fer Orkney wi seeven ships, but three wis blowed aweys aff course til Shetland, an wis seized by Erlend. Harald, as Rognvald hed thocht, left Orkney an made fer Thursa. Rognvald left 'is dochter's weddin feast as soon as he heard that Harald hed landed; an, wi the intervention o Stay-Brails, wis able tae mak an agreement wi Harald. They wis kinsmen, foster-brithers an former comrades-in-airms, as wis pointed oot til them. Aw this made fer a more natural alliance than the wan wi Earl Erlend. Durin the truce discussions thir hed been a skirmish wi Thorbjorn Klerk an 'is men. They hed attacked an killed thirteen o Rognvald's men. Rognvald himself wis wounded in the face. Klerk managed tae slink awa an get shelter fae some kinsmen.

Meantime, me an Erlend, hearin that Harald wis in Orkney, hed set aff fae Shetland wi five ships. We ran intil a fearsome storm, an wis separated in the tidal currents aff Sumburgh Roost. Ah wis swept aweys til Fair Isle wi twa ships, thinkin that Erlend wis lost. But his luck wis better than mine; an, when ah made it back til Sanday at the furst *daak*, ah foond Erlend waitin there. We didnae hiv lang tae wait afore Earl Rognvald an Earl Harald cam efter us wi thirteen ships, chust a few days afore Michaelmas. Erlend's spies reported til me fae Barth Wick as soon as they spotted the Earls' fleet comin intil Widewall Bay oan Sooth Ronaldsay. Thir wis nae wey we could tak oan such a large force; so, when Erlend's men cam til me oan Mainland fer advice, ah telt them it wis time tae cut an run. Ah took the short crossin til Caithness an the safety o Duncansby, hopin that Rognvald an Harald wid be fooled by the rumers ah pit oot that ah wis goin til the Hebrides.

Fer the next five or six weeks we carried oot a series o cattle raids agin settlements throo'oot Caithness. The beaches wis red wi the blood o the slaughtered animals; an the carcasses wis loaded directly ontil mine an Erlend's ships.

The storms hed been ragin in the Pentland fer weeks, makin the Firth aal but impassable maist o the time. Durin wan o the lulls, ah sent messengers til Orkney tae spread the word that Erlend hed noo stopped 'is raidin in Caithness, an hed set sail fer the Hebrides til choin up wi me. Naebody wis fooled, least o aal Earl Rognvald.

- The mair that bugger Asleifsson talks aboot goin til the Hebrides, the mair certainly we can expect him ower here in Orkney at ony meenit, Rognvald telt 'is men.

He also telt them tae be oan constant guard, an tae stey aboard thir ships durin the nicht.

Six weeks later ah did set aff fer the Hebrides fae Thursa wi Erlend an seeven weel-manned ships. By the bye, ah hiv often been accused o disloyalty, an blowin wi the wind til ma ain advantage – but when ah tell ye that Erlend the Young, fa wis merried til Earl Harald's mither, an Eirik Stay- Brails, fa wis baith the guidson o Earl Rognvald an a relative o Earl Harald, wis sailin wi me agin thir ain kinsmen, ye micht think again afore condemin me. It wis chust the shiftin politics o the times. Aye; an every man fer himsel. Ah'll no deny the fact that we wis opportunists til a man. Anywaysorno, Earl Rognvald's spies relayed the news o wir departure west til him, an he immediately let 'is guard doon, an moved 'is fleet til Scapa. But he wis canny enough tae tell 'is crews tae stey oan board in readiness.

Efter a few days o hard rowin agin a strong sooth-westerly wind, we hed only reached Stoer Point, aff the north-west coast o Sutherland. Wir men wis tirin, an the bale-buckets wis losin thir battle agin the high waves. Thir wis nae wey we wis goin tae mak the Hebrides fer wir raid. So ah gied the order tae turn roond an set the sails fer Hoy. Ma men wis fair pissed aff eftir aw the efforts they hed pit in; but they did as they wis telt. We flew back, wi the wind fit tae burst wir sails, an landed a few oors later at Sooth Walls. Learnin that Rognvald an Harald wis anchored aff Knarston in Scapa Flow, wi double the number o ships that we hed, ah decided oan a surprise nicht-time attack durin the fierce blizzard fit wis chust settin in. Some o the ithir captains thocht ah wis crazy; but when they seen that Erlend wis supportin me, they fell intil line.

The nicht we attacked, Earl Rognvald, believin that thir wis nae chance o an attack in the conditions, decided oan an owerland trek til 'is estate in Orphir wi five o 'is men. They only got as far as Knarston afore they hed tooken shelter in the hoose o Botolf the Stubborn, an Icelandic fermer an poet fa hed settled there. At the same time, Erlend wis leadin the attack oan Harald's fleet. He hed tooken the sleepin, shelterin, half-drunk crews by total surprise. Afore the defendants kent it, ower a hunner o them wis deid, includin Bjarni, the brither o Erlend the Young oan the opposite side; an many mair wis seriously wounded. Only Earl Harald wis able tae beach 'is ship an escape wi the only five fit retainers left oan board. He managed, God kens how, tae mak it til Orphir through a fiercesome storm.

Earl Rognvald hed an even mair lucky escape than Harald. He hed only intended tae stop at Botolf's fer a break an some warm mead; but Botolf lived up til 'is by-name, an badgered the Earl intil beddin doon fer the nicht while thir claes dried oot oan the chimney stanes. Close til dawn, Rognvald wis followed til Knarston by Erlend an some o 'is men. They rapped oan Botolf's door an asked if Rognvald wis inside. Botolf said that he hed, indeed, been there for the nicht, but hed left. When asked whaar Rognvald wis noo, the poet swept 'is erm dramatically til the fence, an improvised a verse:

'Out eftir eatin-birds!
Fine archers, the Earl's men:
hard for the hen-bird,
the head-shot oan the hill.
Excellent the aim
of the elm-bows, savage
the grouse-hunt, grim
the guardian of the land.'

Poem taken from The Orkneyinga Saga, translated by Paul Edwards and Hermann Palsson. Published by Hogarth Press and reproduced by permission of The Random House Group Ltd.

Erlend's men took aff oan a wild goose chase across the fields, while Botolf went back indoors an roused Rognvald. Rognvald wis delighted wi Botolf's quick-thinkin, but shocked wi the news o whit hed befell Harald's fleet. He left immediately fer Orphir. Rognvald fund Harald hidin at Orphir when he got there; an the twa o them escaped til Caithness in peedie boats.

Aw fowerteen o the Earls' ships hed been seized, thegither wi a vast amoont o booty. Erlend shared it equally wi me – but ah insisted oan takin aw o the valuables an gear belongin til Rognvald as ma ain share. Ah later returned everythin til Rognvald. Ah strongly advised Erlend tae move 'is ships til Sooth Walls so that he could command the approach fae Caithness in the event o an attack fae the mainland. He wid also be in prime position tae launch an attack o wir ain fae there. But Erlend refused ma advice, an went north til Damsay fer a drinkin session which lasted several days. He promised tae spend each nicht oan board 'is ships, which wis tae be roped egether fer extra security.

But, afore onythin else wis tae happen, ah hed a wee bit o faimly business tae sort oot.

FAIMLY BUSINESS

A few days afore Christmas, ah wis sent fer tae help oot ma kinswuman, Sigrid, at Sandwick, ower a dispute wi her neebor, a man caa'd Njal Hot-Heid. He hed tooken a load o driftwood, washed up oan the strand efter a shipwreck, that Sigrid reckoned wis hers by right. She could've brocht the matter up in the Things 'Va, but the next meetin o that wisna til the followin spring, an she wanted the matter settled afore that. It wis a true sayin that, "wi the law oor land is built up, an by lawlessness, destroyed"; but, by fuck, dinna think in the future when ye read this that oors wis a perfect system o law an order. It wis an expensive, time-consumin, an uncertain business. Thir wis that many rules involved that takin him til the Assembly wis verra complicated. It wid be easy tae lose her case oan a stupit detail, lek a panel member bein wrangly summoned. She hed til tak an oath afore witnesses; appoint a lawyer, fa wid only be in it fer himsel in maist cases; summon the witnesses afore the umpires, either in the hame district coort or the coort district. Then, oan the day, she wid hiv tae listen til the Law-Speaker prattlin oan whilst she wis waitin fer her case til come up. An even efter aw that thir wis aye the possibility o the case goin til arbitration an draggin oan fer lang enough. An, forbye, even if she wis in the right, the jurors could aye be bocht aff if the defendant wis rich enough. Sigrid minded the case last year when a rampagin bull wis speared by anither fermer when it wis destroyin 'is crops. The owner o the bull then speared the fermer's seevin-year-owld son in revenge, but bribed 'is wey oot o it at the Thing. Far better tae get me til pey him a wee veesit, ah telt Sigrid.

Sigrid hed ayeweys intrigued me. She hed divorced her husban years afore at the oath-stane in front o witnesses. The perr bugger hed til slink awa an leave the island efter she made public 'is humiliation. No chust that he coodna get it up, despite aw the groond-up roots o the rock rose she wis puttin in 'is feed every day – but that wan day she hed cam intil the hoose tae find him wearin wan o her tunics, cut sae low ye could see the fucker's nipples. That wis ayeweys groonds fer divorce in wir Northern lands, if yer man wore effeminate claes – or if yer wife wore men's breeks wi holes in the crotch. Mind ye, even hivin too beeg a member wis cited wan time as groonds fer divorce! That wid nivir apply til me; tho ah've nivir hed ony complaints, ken?

Sigrid wis also a spey-wifie, renowned fer her prophecies. She wis famed in aw the peedie islands fer tellin fortunes fae readin runes; an it wis a fact – weel, as near as possible – that she hed blunted enemies sword-blades, calmed waves fer sailors, an pit oot flames. She hed quietened many sorrows and gien hope til many. She'd read ma fortune wan time. Ah must admit it wis uncanny shite whit she telt me aboot ma past, an aboot whit wis happenin in the present. When her face turned pale, tho, she widnae tell me fit she seen aboot the future; but a widna hiv tooken it seriously anyweys. But, if the stories that Thorhaller the Gossip wis pittin aboot wis onythin tae go by, she wis no chust a spey-wifie – she wis a witch. This backed up a story that wan o her ither neebors, Grim Flat-Nose, hed telt me years ago.

He hed heard some funny soonds comin fae chust ower the wee hill ahent 'is steadin. It wis a clear, late-spring nicht, wi a near-fuhl moon. He took an axe an crept up ower the brow o the hillag tae tak a keek.

- Ye'll nae believe whit ah seen, Sir!

- No a ghostie, ah teased him. A beeg *Bo*! An no wan o yer deliriums either? Ah kent 'is troubles wi the ale an the akvavit.

- Nae, nae, Svein, he said, fergettin tae show me the respect ah wis due. It wisnae a *Bo*; ah dinna believe in ghosties. Ah wis sober, ah swear til the trolls. The noises got clearer. It wis a kind o chantin. The hairs wis staunin up oan ma neck, ah can tell ye, even afore ah keeked o'er the hillag. There wis Sigrid, aw in a white material ye could spit through, an see awthin through, an an owld mannie wi a mask oan 'is heid an a muckle beeg pecker danglin doon atween 'is legs. The owld donkey hed a great beeg knife in 'is haund, an he wis haudin a goat by the scruff o its neck. Thir wis ither weemin there as weel, but they wis in the shadow cast by the fire they hed chust lit, an they wis staundin in a circle roon wan o them owld standin stanes that are aw ower the place, ken.

- Soonds a bit mair than yer usual withdrawal symptoms, right enough! Kerry oan, ma man.

- Wan o the weemin leads anither wan intae the middle. The newcomer wis stark naked, wi as fine a pair o.....

- Control yersel, man. Chust get oan wi the story! Tell me whit happened next!

- Weel, the owld mannie cut the goat's thrapple an splashed its blood aw ower the stane. Then ah thocht he wis goany sacrifice the wan that wis starkers. Wid've been a bliddy waste! But, naw, he maks her crawl unner a rickety platform teeterin wi turfs oan top o it. Next, they made her wade through a stream an unner a peedie watterfaal.

- Ah'm gettin the picture noo, ma man. At's the earth an the watter elements.

- They brocht blazin brands sae close til her thighs that her minge wis smokin, an she wis screamin an writhin. Then they made her go roon the stane oan aw fowers, lickin the spilt blood o the goat. An aw the time yer Sigrid wis leadin the chants. An then they aw started dancin! Ah swear, Svein! Ah swear! Ma hard-oan wis near as guid as the owld codger o a priest-mannie's, fa wis noo gien yer Sigrid a guid seein-til!

- It must hiv been wan o yon fertility rite ceremonies ye wis watchin, ya lucky owld bastard!!

Anywaysorno, gettin back tae the matter in haund, the neebor, Njal Hot-Heid, mindful o fit ah hed dain til Arni Pin-Leg, quickly settled in faver o Sigrid when he heard that ah wis oan ma wey. She hed telt him that he wid faal intil the haunds o trolls afore the summer wis oot! Better that than faal intae ma haunds, ah tell ye! Naebody hed evir tooken the wind oota the sails o so many chieftains as ah hed; an Hot-Heid kent weel that ah'd tak 'is heid aff ower the side o 'is skiff wi ma axe if ah ever catched him at the sea.

Ah lodged wi ma kinswuman anywey, mindfuhl tae gie her a stroke up the belly if she wis up fer it. But we failed tae work ony spells oan each ither; so, the followin nicht, me an ma men went til the hamesteid o ma tenant, Gils, fer a drinkin bout. Gils wis guid craic. He'd been badly inchured back in the day oan a raid til the Isle o Mull. Some sheep-shagger o a Gael hed nearly tooken 'is heid aff. Lucky fer Gils, wan o the monks fae Iona wis handy wi the needle an yarn, an hed sewn him egither again. As the wound wis healin, it left 'is heid aff til wan side, and Gils wanted the monk tae open him up again til re-set it! The priest convinced him that he'd be tickety-boo when the sinews healed right. Wis he fuck! Gils Wry-Neck we caalt him.

Efter we hed caught up oan the craic, an hed sunk a few horns, Gils telt me that Erlend wis no spendin 'is nichts oan board as ah hed telt him tae, preferrin the easier livin til be hed ashore. Ah sent Margad til pit a flea in 'is lowg wance mair — but Erlend's men thocht ah hed gade saft in the heid an wis bein far ower cautious. They continued thir revelries in the drinkin haal at Damsay.

Ah hed the feelin that ah widna be gee'in advice til Erlend fer much langer.

DEATH O EARL ERLEND

Erlend, at this second warnin, decided that he hed better tak ma advice; but he could only persuade nineteen o 'is men tae come back til the ship wi him. Wance oan board, they continued drinkin, until the Earl wis lyin in a coma oan the floor o the foc'sle room oan 'is ain ship. Ufi, 'is forecastle-man, an anither chiel caa'd Orm, wis wi 'im. Neither the men fa wis supposed tae be oan watch ashore, nor the lookoots oan the ship, saw Rognvald an Harald's men boardin them until it wis too late. Ufi coodna raise Erlend fae 'is drunken stupor, an the rest o the crew wis in nae fit state tae protect thir skipper wi thir shields, as wis the custom if he wis felled. Maist o them died, ower pissed tae defend themsels. Only wan or twa, includin Orm, made it ower the side til safety. Ufi jumped owerboard wi Erlend in 'is erms, an managed tae scramble ontil a peedie skiff. But they wis sittin ducks fer the Earls' spearmen. Erlend's body wis tooken ower the side intil the sea wi the force o wan o the spears. He wis only foond days later, covered in seaweed, wi the spear-shaft still in place. He must hiv drifted oot intil deeper watters furst, fer the prawns hed goat til him, as weel as the crabs, an 'is face wis a richt mess.

Rognvald hed 'is body tooken til the local kirk fer a decent burial; an 'is survivin men wis aw gied clemency.

Ah wis noo in a helluva bad position - oan the run fae baith the Earls Rognvald an Harald; an wi ma ally, Earl Erlend, deid an buried.

Ah met up wi Margad at Rendall an got a fuhl accoont o the death o Erlend.

- Efter ah hed delivered the warnin til Erlend, we laid up in a peedie geo quite close til whaar Erlend's ships wis. Ah pit wan o ma men ashore tae keep an een oan things, an he saw twa o Erlend's men – he kent Ufi an Orm by sight fae yon ale-hoose in Hamna Voe, ken - hauf kerry the drunk bugger aboard. He heard the Earl demandin mair ale, afore he cam back tae report til me. Next thing we kent wis when we heard the battle cries o Rognvald an Erlend's men boardin' them.

- Did ye see the fechtin, Margad? Whit kind o a show did Erlend pit up?

- Too risky, Svein. Thir wis only three o us, div ye no mind? We steyed weel oot o sight in a wee cove til we saw the Earls leavin in the moonlicht. Then we rowed roond the heidland an ower here til Rendall.

- An how did ye ken aboot 'is burial?

- Fower o yer ferm workers wis tooken prisner as they wis fleein towards Kirkwall. They heard the story o 'is body gettin fund at high tide, wi the spear an aw still skewerin him. An they wis present at the burial afore Rognvald sent them oan thir weys.

- An did he get a braw sendin aff, then?

- Ye must be jokin, Svein. He wis lucky tae get set in the groond ataal. Chust the usual mutterins fae the holy man. No even the owld crones tae wail ower him.

- No lek the owlden days, eh, Margad?

- Whit div ye mean, Svein?

- Gies anither horn an ah'll tell ye.

- Here ye go, pal.

A FUNERAL

- Skol! This wis afore ma time, ken, Margad. But ah got the story fae ma owld granfaither. He wis oan a raidin pairty doon the Volga river wi the Rus fellas when wan o the northern chieftains copped it. Everythin groond til a halt fer ten days while they prepared the owld geezer's burial mound. His remains wis tae be buried wi 'is favrit horse, an aw 'is weapons. Bloody waste.

- Ten days? Fer a funeral? Ye must be jokin, man!

- Straight up. They kitted the chief oot in 'is best gear, an set 'im in a temporary stane kist. Then they set aboot lookin fer a female slave fa wis willin tae be sacrificed wi 'im.

- Willin? Fa'd volunteer fer that?

- Ye'd be surprised, Margad. Some o the slave weemin wis in misery, sufferin fae the winter sadness, an missin thir fowks back hame. This wis a wey oot fer them. Thir wis nae shortage o volunteers. Furst, thir wis the booze an the singin. Then, wance she wis weel sozzled, the orgy began. Fer ten haill days an nichts she veesited every tent in the camp, an wis shagged by each an every man in turn that wanted her. She wis weel tended by the ither slaves, fa made sure thir wis nae violence da'in til her. In fact, she wis treated lek the finest coortesan in Constantinople - Miklagarth, the owld man said they caa'd it back then. Oan the day o the funeral, the chief's boat wis dragged ashore ontil a great funeral pyre, an a fine tent wis pit up oan the ship. They dug the owld guy up....

- The bastard must've been *gowfin* by then!

- So wis a'body in them days, Margad. Anywaysorno, shut the fuck up an listen! As ah wis sayin, they checked 'is gear an sat 'im in splender inside the tent. Then they sacrificed a haill Noah's Ark load o animals – twa o 'is best horses, twa coos, a dowg, a cock 'n a hen – afore takin the quine ontil the ship.

- Carried her oan, mair lek, efter aw that shaggin, grinned Margad.

- Maist lek, aye. Then she wis gien a large chug o wine laced wi opium.

- At least she widna be too aware o whit wis comin, Svein.

- Hopefully aware enough tae appreciate the final bonkin she got fae the six horniest guys in the tribe!

- She'd remember that fer the rest o her life, eh?

- Aye. Nice wan, Margad. Efter the last man hed feenished, the Angel o Death wis sent intil her.

- Angel o Death?

- That's whit they caa'd her. An owld Heks. A bit lek wir Frakkar. Dressed aw in black. Stabbed the quine til death. The show ended wi the chief's closest kinsmen torchin the pyre. Poof! The haill fuckin caboodle up in flames.

- Wey tae go, man! Wey tae go! Ah see whit ye mean!

- If yer ain quine hears this story she'll want ye til pop yer clogs themorro, Margad!

- No a problem, Svein. She's used til gettin a guid seein til.

- At's no fit ah've been hearin, boyag! Anywaysorno, let's get a richt guid fuhl o ale, an ferget aboot funerals.

REVENGE OAN ROUSAY

The next day's hingover wis soon fergotten as the twa o us sailed wi a group o wir men til Rousay. Thir wis a really high tide, so we beached the ship weel up-shore, an stashed aw the gear, afore sendin scouts oot fer news o fit the Earls wis up til.The rest o the men wis billeted oot til local fermers.

Me an five o ma men heided inland tae be safer. As we approached a remote fermstead we heard a fair bit o noise comin fae it. We crept up til the window. Inside, three o the crew fa hed tooken part in the raid when Earl Erlend hed been killed a few days previously wis drinkin, an boastin o the parts they hed played.

- Couldna believe how pissed they aw wis, Erlend.

- Even mair pissed than yon lad o yers lyin there, Thorfinn. Come oan, Ogmund. Can ye no keep up wi yer faither an me?

- Let him be, Erlend. Them youngsters canna haud thir drink lek us. Chust as weel he wis sober when we boarded the bastards, or he widna hiv notched up 'is furst kill.

- Aye. But ah wis the wan that drilled the Earl through wi ma spear, Thorfinn!

- Aye, Erlend. Ah seen it. Ye couldna hiv missed him there oan thon wee skiff efter 'is man hed jumped ower wi him.

A team o wild horses widna hae held me back when ah heard that. Ah rushed intil the hoose aheid o ma men, an killed Erlend wi a savage axe blow til 'is neck. Thorfinn wis tooken prisner, an 'is badly wounded son wis left tae live or die, ah didna gie a fuck.

Efter that, ah went intil hidin oan Mainland wi ma uncle Helgi at 'is ferm at Tingwall. Ah spent a guid part o the Christmas season there, no in the best o humours, ah tell ye.

FEUD WI EARL HARALD

The subsequent truce atween me an Earl Harald didna last lang. Earl Rognvald hed tracked me doon til Tingwall, an hed invited me til Damsay fer Yule. Mair o a summons than an invite, ah hiv tae admit. He brokered a truce atween me an Earl Harald. The agreement wis a total humiliation fer me. Ah hed tae forfeit half o ma estates, an pey each Earl a mark o gold. Ah also hed tae haund ower ma finest langship. Ah hed nae alternative but tae accept the deal. It wis either that or total outlawry an banishment fae the Islands - which is fit a lot o the neutrals wis clamorin fer. But ah vowed til Rognvald that ah widna be held til the agreement if Harald oppressed me ony further. Rognvald refused ma gold, mindfuhl o the fact that ah hed returned 'is treasures til 'im a couple o years back efter the battle at Knarston. He said that he valued ma freenship mair than ma gelt.

Within weeks, as ah kent wid happen, Harald laid waste til ma oats an barley oan Gairsay. Ah wis advised by Rognvald no tae be gangin lookin fer revenge at Gairsay, as ah wid be heavily ootnumbered, an widna be a match fer Harald if it cam til single combat. Ah wisna pit aff by Rognvald's concern fer me, but ah wis mair than a bit pit oot by the opinion that ah coodna match Harald in a fecht.

- He micht be tall an hansome, ma Lord; but wance ah got a haud o 'is golden locks, an brocht 'is nose intil contact wi ma heid, he widna be such a pretty boy in the mornin.

Ah landed oan Gairsay the same nicht, wi only ten men. We crept up oan ma drinkin haal an hoose, an when ah heard the merry-makin inside ah asked fer fire tae torch the place. Svein Blakarasson, the highest ranked efter masel, coonseled me that ma wife an dochter wis lekly til be inside, an wid perish tae if ah done that; so ah wis forced tae change ma mind. We stormed the buildin an took a'body by surprise. Harald's men surrendered wi'oot a fecht – but thir wis nae sign o the Earl himsel. Ma wife widna reveal 'is whaaraboots, as they wis distant kinfolk. Ah wis mad at her lack o loyalty til me, especially as Harald had a wey wi the weemin; but ah decided tae let it go. Anyweys, 'is men telt me that Harald wis aff huntin hares oan Hoy. Ah spared them oan accoont o this infermation, an returned thir weapons til them. In a fit o temper, ah smashed aw the ale casks afore leavin wi ma wife an dochter. Neither o them hed been hairmed by the attackers, as befitted the weemin o a chief as powerful as me.

Efter ah hed calmed doon a bit ah decided tae spend some time oan Hellis Isle, or Eller Holm, as some fowks caalled it. Ah loved its high cliffs, which wis great breedin groonds fer the kittywakes, guillemots, shags an razorbills we used tae hunt when we wis boyagies.

Earl Harald, hooever, wis hell-bent oan bringin matters tae a heid, an soon left off 'is hare-huntin til track me til groond. When ah seen the Earl's larger ship bearin doon on me ah realised that ah coodna ootrun it. Fortunately, ah kent the coastline better than a'body, an ah managed tae reach a large rocky ootcrop a guid bit aheid o the Earl. Ah made it intil a cave which sloped quickly upwards, chust afore the incomin tidal surge covered its entrance, an hauled ma boat up til safety. By the time Harald hed made up the distance, the mooth o the cave wis invisible. Try as he did, Harald could find no a trace o me oan the island. Thir wis nae signs o wreckage oan the rocky shore either; so Harald left tae scour the neeborin islands fer me. Ah left ma ain boat in the cave as the tide receded, then stole a cargo boat belongin til some monks fa lived oan the island. We sailed it across til Sanday an let it drift aff tae smash agin the rocks, hopin that Harald wid find the wreckage an assume that ah hed droonded.

Wance ah hed set the monk's boat adrift, me an ma men took shelter wi ma kinsman, Bard, oan Sanday. Bard pit us in a hidden part o 'is hoose ahent a secret door. That same nicht, Earl Harald's steward, Jon Wing, wis oot searchin the island fer me wi a group o six men. He also took shelter wi Bard, fa made a beeg *ailiss* o a fire tae warm them, fed them a guid stew an filled them wi ale. Jon Wing hated me wi a vengeance, an started tae slag me aff fer double-dealin wi the Earls. This wis rich comin fae him! The twa-faced cunt hed chust recently been oan the losin side wi Earl Erlend afore servin as Harald's retainer. He accused me o breakin truces an o causin aw the troubles in the Islands, an he wis enough o a *gaapas* til say that ah should be banished fae Orkney. Ah heard all o this through the partition, but didna want tae gie awey ma hidin place. But when he started tae miscall Earl Erlend, an say that 'is death wis nae loss, ah completely lost the rag. Ah burst through the loose stanes that blocked the secret wicker door an launched masel at Wing, closely followed by ma ain men. Wing fled ootside in 'is bare feet, wearin only a shirt an linen breeches! He skittered aff across a frozen field tae tak shelter in a neeborin hamestead. The frost wis sae severe that nicht that he lost several o 'is taes in the process. He shouldna complain aboot losin a few taes, fer, hed he no run lek a chicken, he wid hiv lost 'is fuckin heid til ma axe. 'Is wife wid've hed some red hairs tae comb fer him, by Christ, afore she buried him.

Bard hedna a quarrel wi either o the parties, an he wis anxious tae live in peice wi the Earls. He persuaded me no tae kill Jon Wing's men, but til let them go. We steyed the nicht, an in the mornin Bard gade me a skiff tae mak the churney til Barth Wick oan Sooth Ronaldsay. We stored wir gear in a cave aside wir anchorage. We made the odd foray til a nearby hoose fer food an drink, but ayeweys returned til the boat at nicht. Lookoots wis permanently oan duty in case Earl Harald should attack.

STORM OAN STROMA

A week or so later, ah wis hownkered doon, da'in ma business alangside ma men, oan a tidal rock skerry close til wir neest. Hauf o us wis shitein while the ither hauf stood guard in case o a surprise attack fae the rear, so tae speak. Earl Rognvald's beeg ship appeared oot o naewhaar an pit five men ashore. Those o ma men fa wis oan guard started throwin rocks at them while the rest o us hitched up wir breeks til choin in the scrap. Ah launched ma skiff fae the shingle an rowed towards the langboat. Ah wis staundin in the prow ready tae throw ma spear at the furst available target – but, when ah seen Rognvald himsel preparin tae parry ma attack, ah held ma haund, an gied the order tae row aff. Rognvald immediately raised a truce shield in the time-honnered wey, its point facin upwards, indicatin that he wanted til talk. Despite ma crew tellin me no tae get caught oot, an no tae trust abody, ah kent that the Earl widna double-cross me, so ah cam ashore til parley.

As the twa o us wis talkin, Earl Harald wis spotted sailin til Walls fae Caithness. Earl Rognvald advised me tae sail fer Stroma while he tried tae buy time fer me by heidin fer Mainland in the hope o drawin Harald in that direction. The ruse didna work, an Harald cheynged coorse tae intercept me in the Pentland Firth.

Thanks til the heid-start ah hed, ah managed tae mak Stroma afore Harald. Thir wis nae time tae hide the skiff, so we ran fer cover til ma kinsman, Amundi, fa wis also a freend o Earl Harald. When Harald arrived at Stroma, he spotted ma boat oan the shore, but, suspectin an ambush, he refused tae land. But he wis no gien ony option. The tidal race at the north end o Stroma is vicious an unpassable. It began tae bile as the tide turned an the wind got up. The Swelkie whirlpool wid soon be there tae swallow any ship that cam intil contact wi it. Altho we seafarers wis noo aw supposed til be Christians, the owld myths still held swey in times o danger. The owld sea-witch wid be hard at work turnin the mill wheels tae grind the salt til keep the sea salty. No fer nochin did the men o owld call it *Svalga,* the Swallower.

Earl Harald wis glad tae accept the mediation an hospitality o 'is owld *fier,* Amundi - even if it meant sharin lodgins wi me! By the byes, a story wis pit aboot later - ah think by some o the soft-cat monks oan Birsay fa wis intil gi'en each ither shame-strokes oan the buttocks - that me an Harald hed actually kipped doon egither that nicht in the only available bed; an that the room wis filled wi wir retainers oan each side o the bed tae mak sikker we didna jump each ither's bones! Nae cunt evir said it til ma face, ken, or, priest or no priest, he'd've got 'is baals in 'is haunds til juggle wi. That is, if he hed ony in the furst place. In fact, baith crews hed aw crowded intil the only beeg room in Amundi's — but we drank and parleyed through the nicht, aye watchful fer each ither's men makin the wrang move. Harald an me micht hiv hed a wee cuddle in front o the fire right enough, but it didna gang ony further than that! Ah didna really fancy him. Anywaysorno, that's ma story, an I'm stickin til it!

By the mornin the seas aroond Stroma hed returned til normal. Earl Harald went back til Orkney, an ah returned til Caithness.

We baith hed unfeenished business.

THE HEBRIDES AN SUMERLED

Chust afore Easter that year, ah decided oan a trip til Argyll tae veesit ma owld freen Sumerled. Sumerled, fa wis related through marriage til the Norse King o Man, wis lickin 'is wounds efter a disastrous campaign agin the Scots. He hed foolishly attacked the countryside aroon Glesga, insted o keepin til the coast. Daft bugger wis lucky tae escape wi 'is life; but he wis noo back in the Hebrides tryin tae establish himsel as the undisputed King o the Isles agin 'is brither-in-law, Godfrey. Ma veesit wis a welcome relief fer him, an thir wis much feastin an story-tellin.

It wis roond aboot the time o year fer Somerled tae haud a meetin o the Althing. The lawmakers, chieftains, an plaintiffs fae aw the clans wid soon meet tae settle thir disputes concernin pasture, huntin, murders, cattle-theft, wuman-theft, escaped slaves, boundary disputes an so oan. Legal searches could be ordered, an warrants issued fer witnesses or fugitives tae appear. If thir wis doot aboot a person's testimony or guilt, trial by ordeal could be ordered. Usually, this wis done by kerryin a hot iron fer twelf paces, then waitin three days tae see if it hed healed or no; or by walkin oan hot metal. But occasionally, oan lesser matters, the 'turf-ordeal' wis used. The previous year Somerled hed ordered it fer wan o 'is chieftains. A beeg strip o turf hed been cut in a semi-circle, wi its ends anchored in the groond, then raised tae form an arch fer the accused tae pass under wi'oot causin it til collapse. The chietain didna fancy it himsel, as 'is *cag* wis ower beeg; so, as he wis fully entitled tae dae under the law, he designated wan o 'is men til tak 'is place. As 'is man wis gangin under, twa ither o the chief's men started til wrestle close by, an they brocht the arch doon. The chief claimed 'is man wid hiv got under afore it collapsed! He won 'is case; but Somerled decided that wis enough fer the turf-ordeal. Whaar thir wis nae agreement, single combat could be ordered tae tak place at the thingstead or assembly groond. When judgements wis gien, murder could be repaid by murder, rape by rape, or fines an banishments could be meted oot. It wis also an excuse tae haud a merket fer slaves, weapons, implements, produce an commodities; an thir wis much to'in and fro'in amang the tents, if ye get ma meanin.

ASSEMBLY GROONDS

Sumerled, at this time, hed a guest fae Iceland, a man caa'd Bjorn Asbransson. He hed telt me aboot this Asbransson oan a previous veesit; an it turned oot that he wis a kinsman o anither Icelander fa hed choined in ma expedition til Wales in pursuit o the murderer o ma wife, Ingirid's, husban. Thir wis an instant bondin atween me an Bjorn. Efter a particularly heavy nicht o drinkin, we wis wanderin an yarnin in the area o Sumerled's Assembly Groond, wi some o wir men. We wis mair than a bit hungower.

- Haud oan, Bjorn! Ah'm very much in need o a richt guid dump!

- No here, Svein! Ye're oan the sacred Assembly Groond.

- Sacred? Sacred ma erse! It's chust anither field.

- No whaar ah come fae it's no. In ma district o Breidafjord in Iceland some assembly groonds are held tae be sacred. In fact, that's why ah wis declared an ootlaw an got ma three-year exile til this midge-ridden part o the world, Bjorn recaalled wi a grin.

- How come, ma man?

- Weel, the Thorsness faimly regarded thir Assembly Groond as holy, an declared it an act o desecration fer onybody til relieve themsels oan it.

- Awa wi ye, man!

- Nae shit, Svein! Literally!! We wis aw telt tae shite in future oan an off-shore rock in the sea fit wis covered in the high tide. We caa'd it 'Gowf Skerry'.

- *Gowf*? That's wir word fer a bad smell!

- Oors tae, Svein. Anywey, wir faimly wis fed up wi gettin the shoe-leather oan wir guid boots ruined in the salt watter every time we needed til tak a shite. Me an ma brither-in-law, Asgeir o Eyr, a Kjallekling by birth, decided tae caal the bluff o these arrogant bastards. We took a right guid bellyful o ale an pease brose the nicht afore the public assembly, an, tae the cheers o wir kinsmen, we weel an truly christened the Thor's Ness Assembly Groond the next mornin. Afore we could get a docken leaf intil wir haunds, aw hell broke loose as we wis attacked. Ah severed the erm o Thorstein the Bent at the shoolder. Asgeir wis run through an killed by Thorolf Twist-Foot, a kinsman o Thorstein's. Eventually, the men o Skoga Strand interceded, an Thord Gellir, the leadin chieftain in Breidafjord, wis asked tae mediate. Ah got hauled afore the Assembly, an got ma sentence o 'lesser outlawry' – three years' exile, plus a fine o 12 oonces o siller til Thorstein, as compensation fer 'is erm.

- No shit right enough, Bjorn! ah bellowed. Ah hed hardly been able til contain masel throo'oot Bjorn's accoont. That's the best story ah've heard in years, boy! Men o Caithness! If ever Bjorn the Icelander comes tae veesit us, ah hereby bestow the freedom tae shit onywhaar in the coonty – especially in the west side, ah added, mindful o ma ain extensive holdins doon the east coast, an o the rivalry atween Wick an Thursa.

Ma kinsmen an henchmen hed been equally enthralled by Bjorn's tellin o this episode fae Iceland's history; an they roondly cheered as ah let oot a michty fart an at last dumped ma load oan Sumerled's Assembly Groond.

Ah insisted that Bjorn accompany me back til ma great drinkin haal at Gairsay, in Orkney, as ma guest fer the rest o the summer.

A BIT O LUCK

Oan the churney back fae Argyll til Orkney ah hed the amazin guid fortune tae run intil twa brithers o Jon Wing - Peter Club-Foot an Blann. We easily took them captive, an built a gallows til hing them. Wan o them – Blann, ah think it wis – wis a great beeg, fat, simple-minded oaf, an ah hed visions o 'is neck gettin tore aff, an 'is body splattin oan the groond, when we hauled him up. At the last meenit, efter thir necks wis in the noose an thir feet were leavin the groond, an chust efter wan o them hed skittered aw doon 'is legs, ah set them free, sayin that this wid bring even greater shame oan Jon Wing than if they hed been hanged.

When word got back til Caithness, Jon Wing made the beeg mistake o capturin ma son, Olaf, at Eynhallow, in retaliation – but immediately freed him oan the orders o Earl Rognvald. The Earl warned him that if he hairmed the boy he wid nivir get a moment's peice fae me. Nae peice if he hed hurt ma boyag? Ah'd hiv cut 'is baals aff, an hung him fae a branch wi 'is heid in an ant-hill fer a couple o days. Then ah'd hiv really gade til work oan the bastard.

DAVID THE SKALD

At Gairsay, ah held a feast in honner o Bjorn, an fer the safe release o Olaf. Ma skald, David the Pict, or Beeg Avid as he wis kent, oan accoont o 'is drinkin, wis a rarity amang Norse skalds – a man o Pictish origins. He wis an ex-monk fae the monastic settlement oan Birsay, de-frocked oan accoont o 'is offensive poetry. Amang ither sacrilegies, he hed cast doots oan the sanctity o St Magnus. The monks wid hae us believe that Magnus sat in 'is ship recitin the psalms durin 'is youthful raids til Wales; but, as Beeg Avid telt it, Magnus, oan the contrary, hed been ower enthusiastic in violatin male prisners. An he hed also wrote an utterly blasphemous, but totally magical, accoont o the Abbot's alleged bestial relations wi dead sacrificial lambs. Excellent calligrapher as he wis, an somewhit errant keeper o the small monastic library, thir hed been nae alternative but til excommunicate him. Denied access til the monks' library, he wid nivir noo compile the saga o Orkney an Caithness that hed been 'is main ambition oan enterin the cloisters. 'Is scabrous talents hed, hooever, foond free rein as ma resident bard.

This nicht the tall, stooped poet truly excelled himsel, as he shambled drunkenly til 'is feet.

'"Thor's Ness Thing: Turd-less" – Chief-given decree -

"Til aff-shore rock skerry: Not even a pee!"

But fer bold-bottomed Bjorn an 'is Kjallekling kin,

When Nature's call beckoned, Thir patience ran thin.

'Dirt-Skerry-disdainin, Wi kinsmen fae Eyr,

Beer-brose-bellied Bjorn Entered Thor's Ring o Fire;

Tae settle the matter, Wi fearsome-foe Band:

Arse-bransson an Arse-geir – Beeg Business in hand!

Til hoots o laughter an table-thumpin cheers the skald continued, efter haudin oot 'is tankard fer a refill.

'Bollocks-bare Arse-bransson, bare-ersed Arse-geir,

Unfastened broon breeches Wi nivir a care.

The po-faced Thorsnessings, Fierce battle forswore –

Thir Sacred Assembly wis turdless no more!

By this time tears wis streamin doon the faces o masel an Bjorn. The great drinkin haal wis in uproar. Ah wis thanfuhl that ah hed built the roof wi sturdy timbers. The bard waited fer relative calm – an anither tankard o ale – afore strikin a more sombre note. He raised 'is right erm in mock benediction.

'Wi dockin-leaf targe, An 'is haund oan 'is prick,

Poor Asgeir wis nae match Fer Twist-Foot's sharp dirk -

Thor's blood-lust, noo vented, Demanded an erse:

'Is raven-pecked pecker Lay shrived oan shrine-gress.

'Bjorn's haund-axe heaved hard, As he rose fae 'is stool –

Those Thorsnessing bastards Wid ne'er get his tool.

Til dae fer yon cunts Wis 'is only intent,

As he fought lek a Fury Wi Thorstein the Bent.

'Fierce-fought wir Hero; Berserk-lek Bjorn's Band;

Til truce wis imposed By sons o Skog' Strand:

'Twelf oonces o Siller, Three years in Caithness!'

Lord Svein, ma Guid Men: 'Til wir honnered Guest'!

'Bjorn, Bjorn, Bjorn!' The chant threatened tae tak the roof aff the haal, as the wavin, grinnin Icelander wis carried shoolder-high roond the room by 'is new freens. Beeg Avid disappeared under a welter o backslaps an ale. Ah'd hiv backed him ony day in a flytin – even agin the legendary Sarcastic Halli the Poet, fa hed gotten awa wi murder, under King Harald Hardrada in Norway, back in the day. Halli hed even gotten awa wi tellin the Queen til 'er face that she wis the maist fittin by far, "tae roll doon from a risin crag all the foreskin oan King Harald's prick"!

Ah ordered twa mair barrels o ma special feast-ale brocht oot, an the melee gradually began tae subside til chust the usual nonsense.

- Ma Lord, Svein, began Bjorn. In Iceland it is said, "Unhappy is the man fa lives in a foreign land"; but ah can think o no ither wey tae express ma feelins than tae beg o ye that ye will allow me tae settle as yer neebor in Caithness at the end o ma exile.

Ma coonsellor thocht that ere wis enough sooth-moothers already in Caithness, but didna gie voice til it, lucky fer him.

- Splendid idea, Bjorn! Tomorrow ah'll find ye a ferm. An ah ken the very place fer ye! Turd-is-toft!!!

The haal erupted wance mair, in appreciation o ma wit this time. The assembled warriors kent that ah wid mak Hroald o Wick's heirs an offer they coodna refuse if they tried tae haud ontil the land in question.

TRUCE WI EARL HARALD

Efter Bjorn left fer 'is churney back til the Hebrides, ah returned til Rousay, intendin tae spend time wi Earl Rognvald. By the time ah met the Earl, ah wis three gold marks the richer. Ah hed chanced intil a wanker caa'ed Hakon Karl, fa hed been wi Earl Harald at the time they hed killed Earl Erlend. The bastard couldnae ransom himsel quick enough tae get set free!

Ah wis amazed tae find the langship that the Earls hed confiscated fae me the previous winter; an even mair amazed tae see that twa planks hed been removed fae its hull! Ah foond oot later that the planks hed been removed oan Earl Rognvald's instruction when naebody wid buy the ship, or even tak it as a gift, fer fear o gettin oan ma wrang side. Too right. The Earl telt me that he hed feared that ah micht be tempted intil some rash behaviour oan ma return til Orkney hed ah foond ma prized langship ready fer action. He kent me weel!

Rognvald's next step wis tae arrange anither meetin wi Earl Harald tae ensure continued peice wi me. Oan 'is return fae Shetland, whaar he hed been collectin rents an taxes, Harald wis summoned by Rognvald til a meetin in St Magnus' cathedral in Kirkwall. Tae ma disgust, the humiliatin truce o the previous winter wis renewed wance again; an ma langship wis gien til Harald. Salt wis further rubbed intil ma hurt pride when the sail fae ma langship wis ceremoniously presented til Earl Harald. It hed been stored in the cathedral; an, as it wis carried past me at the door, only Rognvald's magnificent broad-axe – wi its huge, crescent-shaped blade, inlaid wi gold an set in a shaft made fae siller, which the King o Norway hed gifted him oan 'is return fae Byzantium - only that, an the sanctity o the surroondins, kep me back fae havin a go at Harald right there an then.

Til ma great surprise – an til Rognvald's tae, it has til be said – Earl Harald asked me til a meetin a few days later. Harald's motives wis very much uncertain; but, havin nochin tae lose, ah agreed tae go, wi only five men, even wi Rognvald's doots still ringin in ma lowgs. Ah became immediately suspicious when ah seen Thorbjorn Klerk seated aside the Earl. Thir wis nae love lost atween us since the siege o Lambaborg. Ma men wis oan edge when Klerk left the meetin, expectin him tae return wi a posse tae attack us. If this happent, ah made up ma mind tae go fer Earl Harald furst fer settin up the trap. Klerk did come back – but bearin gifts. He presented me wi a magnificent scarlet tunic an a cloak. Ma furst thocht wis tae tell him tae stuff them up 'is erse, oan accoont o them bein ma ain property that hed been stolen fae me the previous year; but ah made lek ah wis pleased tae accept them. Next, Earl Harald 'gifted' ma langboat back til me – ah hoped he'd goat a guid choiner til mend it - egither wi hauf o ma forfeited lands an property in Orkney; an he offert me hospitality, an assured me o 'is lastin freenship.

Earl Rognvald wis delighted wi the ootcome o 'is diplomatic efferts tae ensure peice in the Islands; but he made it clear til me that ah should nivir again cross Earl Harald. Even ah wis startin tae hope that the feudin wid stop, though ah nivir let oan at the time til abody.

GILLA ODRAN

Fer some time efter this reconciliation wi Earl Harald, ah enjoyed prosperous times. Ah made several vikins til the Hebrides - includin peedie islands that hedna been worth the bother afore, lek Coll an Tiree an Iona, tho ah nivir touched the abbey there. We hed heard stories o earlier attacks; but, since then, King Magnus Barelegs hed ordered the shrine o Columba sealed. Bishop William hed forgied me a lot; but he wid never forgie an attack oan the monks o Iona. Ah laughed in admiration at the owld Norwegian King, Magnus Barelegs, when ah wis raidin aroond the coast o Kintyre. Magnus hed harried aw roond these airts in ma faither's time, an hed persuaded the Scots King, Malcolm, tae grant him possession o aw the islands aff the west coast o Scotland that could be passed in a ship wi a fixed rudder. Seein that Kintyre wis near enough an island, Magnus sat himsel oan the raised efter-deck o a peedie boat and hed 'is men drag it across the narrow neck at the top o the peninsula, wi himself holdin the steerin post, an claimed it as an island!

Atween the Hebrides an the rest o Britain, ah amassed plenty o booty tae enable me tae live weel, an tae support ma airmy o eighty men fa steyed wi me oan Gairsay. Fer a time, ah wis even oan guid terms wi Thorbjorn Klerk, raidin egither wi him doon til Anglesey an the Scilly Isles, whaar we took massive plunder at Port St Mary's wan Columba's Day. Ah divied it up equally wi him this time!

Klerk became a coonsellor til Earl Harald – but he fell foul o Earl Rognvald, an wis ootlawed fae Orkney fer a series o rapes an killins in Caithness an Orkney. 'Is victims' faimlies wir entitled tae kill him wi impunity efter this sentence, so it wis safer fer him tae divide 'is time atween the Scottish coort o King Malcolm, an 'is relatives an freens in the west side o Caithness.

Ah wis involved in wan momentous sea-battle in the Hebrides agin ma former freen, Sumerled. In the coorse o the battle ah got the chance tae tak care o Gilla Odran when he got separated fae Sumerled an sailed intil a narrow loch. Odran hed made a name fer himsel as a bully an enforcer doon in the kingdom o Scotland. Things hed gotten sae bad that King Malcolm banished him; an he ended up actin as steward in Caithness fer the Earls. He murdered wan o Earl Rognvald's tenants an freens, Helgi, ower a dispute aboot stewardship; an Rognvald hed asked me tae get even wi him if the opportunity ever cam up. Ma men killed fifty o Odran's men in the battle, includin Gilla himsel. Earl Rognvald wis weel avenged.

But the Earl didna hiv much time left til tak satisfaction oot o it. Ma prophetic words til him aboot Thorbjorn Klerk at the siege o Lambaborg wid soon be borne oot.

THE DEATH O EARL ROGNVALD

Thorbjorn Klerk hed sorely abused 'is position as coonsellor til Earl Harald. He hed unleashed a reign o terror an violence, worse than onythin that ma man, Margad, hed been guilty o; an he wis eventually ootlawed an banished fae Orkney by Earl Rognvald fer a groosom murder in an ale-hoose in Kirkwall. He spent some time in hidin near Thursa wi 'is brither-in-law, Hosvir the Strong, an 'is freens Lifolf o Thursa Dale an Hallvard Dufuson. Dufuson, besides havin a ferm at Forsie in Calder Dale, hed a sonsie dochter fa hed nae difficulty in persuadin Thorbjorn intil her bed. He wis also weel received at the coort o King Malcolm oan the occasions he went there. Ah thocht the King hed better teist.

The forests o Caithness wis teemin wi red deer an reindeer. Every summer Earls Rognvald an Harald foond guid sport huntin there wi thir enormous Irish deer-hoonds. Rognvald's favrit dowg wis caalt 'Sami', an it could tell an enemy chust by the look o the man; but he hed left it ahent in Orkney wi a festerin paw, mair's the peety, as it turned oot. In the twenty-second year o 'is rule efter the abduction o Earl Paul, Rognvald again landed in Thursa tae pursue 'is favrite sport. As soon as he an Earl Harald hed harboured thir fleet o langships an cargo barges, they wis informed that Thorbjorn Klerk an 'is men wis preparin an ambush fer them when they ventured inland til the forests. Rognvald decided oan takin the initiative. The Earls proceeded inland wi twenty horsemen, an aboot a hunner men oan foot, tae hunt Thorbjorn doon.

Efter spendin a nicht in a shielin near Halkirk, Earl Rognvald raced aheid o 'is men as they went through Calder, exhilarated by the thocht o flushin the fugitive oot himsel. Howanevir, he isolated himsel fae the rest o 'is pairty. Only Asolf, an wan o 'is kinsmen caa'd Jomar, kept up wi him. At Forsie, in Calder Dale, he wis recognised by Hallvard Dufuson, fa wis workin atop a corn stook, wi a large greip in 'is haunds. Dufuson held the wicked fork til wan side an let oot a great bellow oan recognisin Earl Rognvald. This alerted Thorbjorn Klerk, fa wis inside the fermhoose, drinkin wi a few o 'is men. Ah tell ye, hed ah been there ah'd a slit Dufuson's throat, pulled 'is tongue through the hole, an cut it aff at the root.

The path up til the hoose wis steep an narra, so Rognvald an 'is men wis comin up in single file. Afore Rognvald hed time tae react, Thorbjorn cam at him wi 'is battle-axe oot o naewhaar when he reached the gable end. Rognvald's young retainer, Asolf, managed tae ward aff the axe-blow – but lost 'is haund in the process. But 'is actions tae defend 'is maister hed succeeded in deflectin the blow ontil the Earl's chin. As Rognvald tried tae dismount tae defend himsel better, he got 'is foot caught in the stirrups, an wis ran through by wan o Klerk's men's spear. Afore Klerk got in anither axe-blow, he himsel wis severely wounded through the thigh an intil 'is gut, speared by Rognvald's kinsman, Jomar.

By this time, Earl Harald an the rest o the pairty hed caught up, chust as Klerk wis retreatin doon a steep slope ahent the hoose towards a large tract o swampy groond. Harald's men saw whit he wis up til, an wanted tae gie immediate chase; but Harald held them back, sayin that he wanted tae confer wi Earl Rognvald tae see whit he wanted til dae. 'Is men wis fumin. It wis fuckin obvious whit hed til be da'in! By the time it wis clear that Rognvald wis oan 'is wey oot, an nochin could be da'in fer him, an Harald hed gi'en the belated order tae pursue Klerk, the bugger hed escaped til relative safety across a wide swamp ontil firmer moorland. The delay hed gie'n 'is ither men fae the ferm time tae choin up wi him. Thir wis aboot fifty o them by then.

Thir wis nae possibility fer gettin in close enough tae fecht, so Harald's men could only hurl spears in frustration across the boggy hag. Klerk held 'is men back until aw 'is pursuers' spears hed been thrown. He then made a plea til Harald fer 'is life, callin oan thir kinship an thir past allegiances, an makin oot that he hed killed Rognvald fer Harald's sake, so that he wid be sole ruler. A'body could see that Harald wis waverin fer the second time that day. But 'is leadin men – Magnus, Thorstein an Hakon, all sons o Havard Gunnason, an Svein Hroaldsson – made it clear til him that ony attempt tae let Klerk aff wid be seen as an admission o a choint conspiracy wi him. They insisted that the death o Earl Rognvald should be avenged wi'oot mercy. Harald hed nae option but tae lead them across the bog an intil battle.

Many o Klerk's men wis killed or fled til the safety o the trees – but Klerk, again, threw himself oan Earl Harald's mercy. Til the amazement o 'is men, Harald stated that he hedna the heart tae kill him, but he widna tak 'is side agin 'is ain men. He allowed Klerk tae escape unhindered til a deserted shielin at Assery; but Harald's men wid hiv nain o it, an closed in oan Klerk an the remainin group o eight men. They burned them oot an killed every one o them.

Meantime, Harald hed made 'is ain wey doon the valley, leavin 'is men tae gang back til Forsie tae bring Rognvald's body oot til Thursa.

Rognvald's body wis tooken across the Pentland Firth in grand style, an he wis buried in St Magnus' Cathedral. Efter several alleged miracles he wis eventually canonised lek 'is uncle Magnus afore him. Loada bloody nonsense, if ye ask me.

PEICE AN STABILITY IN ORKNEY

Efter the death o Earl Rognvald, Earl Harald became the sole ruler o the Islands. Fortunately fer him, Thorbjorn Klerk didna survive 'is attack oan Rognvald, or thir wid've been endless questions aboot Harald's role in it. As it wis, thir wis still a few whisperins ahent 'is back aboot 'is reluctance tae pursue Klerk. Hed it no been fer the three Gunnason brithers an Svein Hroaldsson, the bastard micht weel hiv escaped. But, despite this, Harald wis accepted as sole ruler wi'oot dissent.

By this time, ah'm pleased tae say, me and Harald got oan fine. Mind ye, he wis still the boss, an ah wis still mindfuhl o the wrangs ah hed deen him in the past. Til mak amends fer ma past behaviour, me an Ingirid decided til ask Harald an 'is wife, Afreka, fa hed fower bairns, if we could hae the honner o fosterin thir boyagie, Hakon, wance he wis passed 'is infancy. Thir wis an owld sayin, "He fa fosters anither's son is ayeweys said til be the lesser man", so Harald wid ken fine whaar ah wis comin frae. They agreed; an we fostered the peedie mannie fae an early age. Hakon an masel wis inseparable; an ah took the loon oan aw ma vikins when he wis beeger, tho ah made sure he wis nivir in ony danger.

Each winter ah held coort at Gairsay. An, b' Christ, we lived weel. Ingirid ayeweys used til say that money wis only fer increasin wir prestige; so onythin she needed til entertain in a lavish style, as befitted the dochter o a king an her chieftain o a husban, wis provided by me. She lekked tae show aff her hingins, as ah cried them, oan the waals when we hed guests fer special occasions; an ah ayeweys brocht her wan back fae ma travels. She reckoned the French wans ah brocht back fae a place caa'd Bayeux wis the best she hed seen; but ah didna ken onythin aboot them. Wan o them chust caught ma eye, lek!

Ma pride an joy wis ma drinkin-haal. Thir wis nochin lek it in Orkney; an it wis wan o the largest in Europe, exceeded only by kings an high aristocrats. Weel ower a hunner men could be seated at its lang tables.

Ah ayeweys hed aroond eighty retainers oan the island til protect ma hame, an that cam at nae sma cost. Gairsay wid nivir again be an easy target fer abody wi a grudge, or wi pretensions til usurp me. Nae body evir tried, such was my reputation as the fiercest pirate o the day.

Ah hed nae need til – but ah kept ma life-lang habit o goin oan twa vikin raids each year. The timin wis important. Ah hed tae be oan Gairsay til keep up the tradition o pissin oan the ploo afore the furst furrow wis cut in Spring, til ensure the fertility o the crops. An ah hed tae be hame fer the traditional porridge made fae the furst sheaf harvested. So the furst trip wis efter seein that aal the crops wis sown. The ither wan wis in autumn, efter the hard work o bringin the harvest in wis ower. So, ah wis nearly ayeweys back in Orkney by mid-summer fer the solstice ceremonies, an in early winter afore the storms set in.

By this time the inhabitants o the Hebrides an the Isle o Man wis almost expectin til be raided by me in the spring - thir valuables wis ayeweys weel hidden. Pickins wis few. Wan spring, hooever, ah took five ships oan the vikin. As usual, we turned up very little in the islands, so we heided fer Ireland. We took a lot o booty, even altho the Irish coast wis gettin better protected each year. But we took wir best prize oot in the open watters o the Irish Sea. We cam across twa English cargo barges oan thir wey til Dublin. We couldna believe the wealth o broadcloth an wine that the merchants hed oan board. It wis aw too easy fer us tae strip them o everythin, apart fae the claes they wore an some food fer thir survival, afore we rowed awey. We stopped ower in the Hebrides, an every man received 'is chust share o the booty. Apart fae the wine, that is! Ah hed developed a fair lekkin fer this nectar fae the warmer regions o soothern Europe. In winter ah lekked nochin better than a tankard o hot wine mulled wi spices fae the East – a habit ah hed picked up fae Earl Rognvald on 'is return fae Byzantium efter 'is Crusade wis feenished. The wine wis mine! An the English mead.

We returned til Orkney in grand style. We used the fine English cloth fer wir awnins whenivir we wis in harbour, chust til show aff wir success. An when we wis approachin Orkney ah ordered every ship til cover thir sails in the fine red cloth which hed been oan its wey tae adorn the lovely, red-haired, cream-skinned Irish weemin.

CALLIN IT A DAY

That winter followin oan fae the reed cloth haul, ah held a great feast at Gairsay. Earl Harald, as usual, occupied ma seat at the high table. The cup-bearers wis keepin us weel supplied wi ma best ale, an wi spiced wine laced wi brandy that ah hed tooken fae the English merchants oan ma last expedition.

- This stuff is goin doon a treat, Svein! It's got a different teist fae normal, ah think.

- Aye, ma Lord. Ma normal ale is brewed wi that wee yellow flower ye find oan the cliffs. Canna mind whit it's caalt.

- It wis caa'd 'King's Crown' in Norway, but ah think it's caa'd 'Aaron's Rod' here. Ah dinna ken fer why.

- Yer richt. At's whit the monks caal it. Because it gies em a hard-oan if they tak enough o it, so Bishop William telt me. Ma wife caals it 'rock rose', oan accoont o whaar she picks it near the cliffs. She adds it tae ma hot drinks every day, an brews me tea wi it in the winter. It's great fer stavin aff the snotty nose, as well as gettin it up in the mornin. An, lek maist o ma crew here, ah've been takin it since ah wis a bairn fer buildin up strength an stamina. But this stuff we're oan the noo has been brewed wi barley roasted ower peits. Gies it a lovely, smoky teist.

- That could catch oan, Svein! It's got a fair kick til it as weel. We'd better go easy oan it.

- That's why ah christened it 'Skullsplitter'. But dinna worry aboot them owld wifies' tales aboot too much chiefs- ale, an too many weemin, dullin wir minds in owld age! Get it doon ye, man. It's guid fer ye.

- Ah'm nae sae worried aboot that, Svein. Ah'm mair worried aboot ye gettin til owld age, ma man.

-Wi aw due respect, ah'll worry aboot that masel, ma Lord. Ah'd raither die in battle than die oan ma straw in the hoose in ma owld age.

- Still, ah wish, Svein, that ye wid leave aff yer maraudin expeditions. It's much better tae be safe back at hame. Ye ken fine weel that it's only yer plunderin an yer pride that enables ye tae keep such a host o retainers. It's chust a vanity fer ye. The days o continual feudin in wir Islands is lang syne gone. Ye dinna need sik a beeg private airmy. But ye must also ken that maist men o violence are doomed tae be killed in thir raidin unless they stop o thir ain free will.

- Fine words, ma Lord. Ye hiv spoken lek a true freend, an ah will tak yer advice. But - ah added wi a smile – thir are those fa say yer no the maist peiceable man yersel.

- Ah tak responsibility fer ma ain actions, Svein. Ah'm only sayin fit ah think aboot ye.

- Ah dinna doot that yer intentions are guid, ma Lord. So here's whit ah'll dae. Ah'll gie up ma piracy. Chust atween the twa o us, ah'm gettin a peedie bit owld fer aw that hardships o war noo onyweys. So, wan mair raid in the autumn, an that will be an end til it. Ah want it til be as successful as this year's spring vikin.

- It's hard tae tell which comes furst, Svein – death or glory.

Harald an I didna faal oot ower this. When the feastin wis ower, we pairted as guid freens, wi many gifts til each ither; an ah got oan wi plans fer ma last raid.

EPILOGUE

It faals til me, Hakon Haraldsson, tae write the final episode in ma foster-faither's, Svein Asleifsson's, life. Svein hed got intil the custom o takin me oan 'is expeditions wi him; but ma faither, the Earl Harald Maddadsson, hed a presentiment that Svein wis pushin 'is luck in wantin wan last vikin, an he hed initially refused 'is blessin fer me til gang.

That autumn, tae prepare fer 'is swan-song, Svein assembled seeven langships, aw o them weel-crewed. Thir wis great excitement amang 'is men, as they kent this wis tae be the last wan under 'is command; an it wis goin til be a memorable wan. Faither relented; but made Svein swear oan 'is life tae keep me oot o danger, even though ah wis nearly a grown man by noo.

The Hebrides again yielded little in the wey o booty, so Svein heided fer Ireland, an took a lot o treasures alang its north coast. Then he decided oan a truly spectacular finale til 'is career – nochin wid dae but he wid sail sooth an capture Dublin! It wis a city o vast wealth, even if it wis reputed tae be a stinkin, pox-ridden hole o a place.

The Orkney men entered the city at nicht, takin the occupants completely by surprise. The people there wis sae smug an lazy that they didna even bother tae post sentries oan the gates. Wir men plundered at will an took the rulin men o the city captive. The toonsfowk capitulated as soon as word got oot that thir leaders hed been tooken hostage. They agreed tae pey a huge ransom fer thir leaders. They also agreed tae gie quarters til Svein's garrison, an tae haund ower control o the city til him, an accept 'is choice o rulers. Aw o this wis tae be acted upon the next mornin, when hostages wid also be tooken. The Islanders returned til thir ships fer the nicht, an lit thir lamps.

Durin the remainder o the nicht, hooever, the leadin men o Dublin decided they widna surrender thir city sae easily til the fiercest pirate in the haill o the western world. They set gangs tae work diggin pits oan the approaches til the city centre that they kent wir men hed tae tak, startin a short wey inside the gates. The pits wis covered wi branches, an straw wis spread tae disguise thir presence. Large gangs o airmed men wis hidden in hooses an shops nearby, ready fer action.

Svein set oot tae tak control o the city early in the mornin wi maist o 'is heavily-airmed men, apart fae those under ma control he hed left tae defend wir ships. They wis greeted by hordes o unairmed toonsfowk oan the approach til the gates. Svein wis delighted at this turnoot in 'is honner. But, in fact, the crowds wis assembled in such a wey that they lined each side o the beeg pits an channelled wir men intil the traps. Svein, bein at the heid o the procession, wis wan o the furst tae tumble intil the traps, followed by many o 'is men. The airmed Dubliners cam chargin oot fae cover, greatly ootnumberin us, an barred the gates tae split up wir forces. Aw the toonsfowk choined in the affray, tossin an endless stream o rocks, which they hed stockpiled the nicht afore, doon intil the pits, an hurlin spears. Wir men wis sittin ducks, an coodna fecht back. It wis a brief, bloody massacre, which only the hindmaist o the men fae the north survived.

Accordin til later reports, Svein died sayin, "Know aal men, whether ah die the day or no, that ah am the retainer o the holy Earl Rognvald, an noo he's wi God, it's in him ah'll pit ma trust".

In fact, Svein Asleifsson died screamin, "Fuckin bastards! Ah telt ye this place wis the pits!"

APPENDIX 1 GLOSSARY

aime : warm-weather sea haze

akvavit : flavoured, grain 'water-of-life' spirit

annos-man : rower who keeps the boat in a fixed position

bauchle : wizzened, old person, usually a female

bikie : young boy

bo : ghost or spirit

boendr : free landholder class, which also supplied many of the traders and raiders

bowg : belly

brook : clump of seaweed driven onto the shore in high seas

brozie : big and strong

byrnie : coat made with thick leather, sometimes from bearskin, reinforced with metal bands

cag : barrel-like belly

cammag : game similar to shinty or hurling

clubber bags : leather saddle-bags

daak : break in bad weather during a storm

drengr : usually a warrior, or king's-man; here used in the sense of forecastle-man

dromond : a huge ship used in the Mediterranean for trade and warfare

een : eyes

fier : friend

geip : sulky mood

gluffass : stupid, ugly person

gowf : strong, bad smell

holmgang : ritual duel after challenge laid down

hushel : derogatory term for a large woman

knattleikr : game played with a hard ball and sticks, similar to hurling or shinty

knorr : ocean-going trading ship

kvinne : quine, or youngish woman

lassagie : teenage girl

loon : lad

moder-sook : shore-ward current

nyatterin : grumbling

oot-sook : off-shore current

pap-sooker: suckling child

peedie : small

peepin : crying like a baby

peerie : small

peit : peat

plooterin : pottering about aimlessly

railed : shouted or complained loudly

reested : smoked over a peat fire

sikker : sure, certain

siller : silver

skitters : diarrhoea

skorries : seagulls

spey-wifie : fortune teller

sykehoose : hospital

trinkie : small inlet from the sea, usually on gently sloping rock

turry-murray : fit of exasperation

twited : whittled

APPENDIX 2 MAP OF ORKNEY AND CAITHNESS IN SVEIN'S TIME

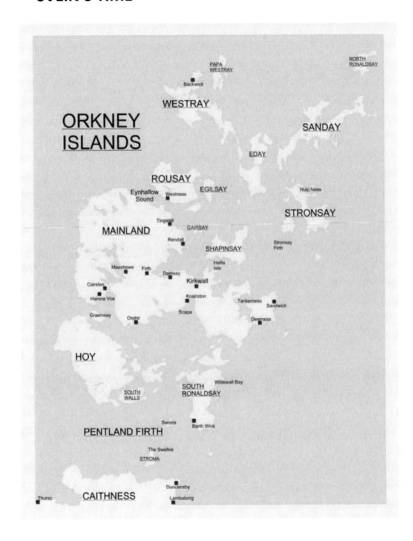

APPENDIX 3 MAP OF BRITISH ISLES IN SVEIN'S TIME

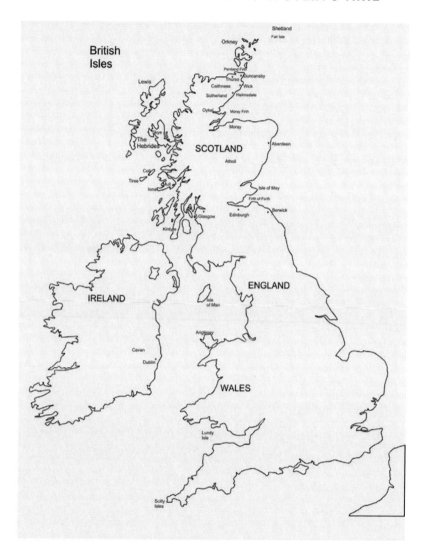